编委会名单

華研 SCISTC 華研書庫

广东省科技计划项目“2017广东科技金融论坛组织与实施”资助

2017
广东省科技金融发展报告

2017 Guangdong Sci-tech Finance Development Report

广东华南科技资本研究院 编

暨南大學出版社
JINAN UNIVERSITY PRESS

中国·广州

图书在版编目（CIP）数据

2017广东省科技金融发展报告/广东华南科技资本研究院编. —广州：暨南大学出版社，2017.12
ISBN 978-7-5668-2280-2

Ⅰ.①2… Ⅱ.①广… Ⅲ.①科学技术—金融—研究报告—广东—2017 Ⅳ.①F832.765

中国版本图书馆CIP数据核字(2017)第304887号

2017广东省科技金融发展报告
2017 GUANGDONGSHENG KEJI JINRONG FAZHAN BAOGAO
编　者：广东华南科技资本研究院

出 版 人：徐义雄
策划编辑：黄圣英
责任编辑：雷晓琪　黄佳娜
责任校对：苏　洁　李林达
责任印制：汤慧君　周一丹

出版发行：暨南大学出版社（510630）
电　　话：总编室（8620）85221601
　　　　　营销部（8620）85225284　85228291　85228292（邮购）
传　　真：（8620）85221583（办公室）　85223774（营销部）
网　　址：http：//www.jnupress.com
排　　版：广州市天河星辰文化发展部照排中心
印　　刷：广州天虹彩色印刷有限公司
开　　本：787mm×1092mm　1/16
印　　张：9.5
字　　数：186千
版　　次：2017年12月第1版
印　　次：2017年12月第1次
定　　价：49.80元

目 录

绪 论

《2017广东省科技金融发展报告》是在2016版报告受到广泛关注与普遍认同的基础上，持续跟踪广东省科技金融最新动态及国际国内前沿思想而推出的。历时一年，汇集群力，多方协同，深入调研，挖掘典例，以精进之心探索，秉开放理念思考。

与前一版相比，更突出"一二三多"（一个专项，两个平台，三个体系，多方联动）的广东省科技金融发展特色，既对其发展现状、市场变化、外部环境等进行多角度全方位大视角的整体跟踪，又突出城市先锋的亮点发掘，对广州市科技金融发展特色及态势进行专题研究，且首次发布广东省科技金融指数，对决策者、从业者、专家学者等均具有决策和研究的重要参考价值。

"一个专项"（产业技术创新与科技金融结合专项）论述该专项资金在引导和带动社会资本参与科技创新、支持自主创新成果转换与产业化方面取得的突出成效与运行经验。"两个平台"介绍广东省科技金融综合服务中心和广东省粤科金融集团科技金融服务平台如何在发挥融资服务和桥梁助手作用的同时，运用信息化手段加强对科技企业的科技金融服务，积极开创全省科技金融工作新局面。"三个体系"从科技信贷、创业投资、多层次资本市场的三元视角，揭示广东省科技金融的发展与政策衍进，以及科技金融如何推进广东省更深层次的转型升级。"多方联动"突出建设银行广东省分行、科创咖啡、广东省科技金融促进会和广东省各高校等多方力量互相协同形成聚力，多角度、全方位开展科技金融活动的全貌。

地市先锋——广州篇章，集中论述作为广东省科技金融发展桥头堡的广州市动态，深入研究挖掘其"一个中心、两大服务区、三大工具"的科技金融运行体系。依托科技金融战略规划、多层次资本市场、创业投资、科技信贷与科技保险方面的政策支持与顶层设计，大力推动金融、科技、产业融合创新，其工作模式值得广泛推广。

最后，构建科技金融发展指数指标体系，推出广东省科技金融发展指数。除了运用科技金融指数作广东省与全国其他省份的比较分析外，同时重点对广东省内各二级城市的科技金融发展指数进行分析评价，预测分析结果也对广东省科技金融的全局发展持乐观态度。

第一章　广东省科技金融发展概述

广东省自 2011 年启动国家首批科技金融创新试点工作以来，积极探索科技与金融紧密结合的机制和路径，走出了一条具有广东特色的科技金融发展道路。2016 年广东华南科技资本研究院编撰完成了《2016 广东省科技金融发展报告》，首次对广东省科技金融的发展格局、模式、成效、问题等方面做了系统梳理。

随着科技金融运行模式愈发成熟、科技金融发展环境不断优化，广东省科技金融成效在各个领域突显，为全省经济转型提供了强大的动力引擎，这是推出《2017 广东省科技金融发展报告》的驱动力。

一、科技金融概述

1. 科技金融的内涵

科技金融是我国本土的创新产物，从 20 世纪 80 年代起，已经存在并发展了 30 年。其概念在理论上尚未被严格界定，本书引用赵昌文等在《科技金融》一书中的概念：科技金融（Science & technology Finance，简称 Sci-tech Finance）是促进科技开发、成果转化和高新技术产业发展的一系列金融工具、金融制度、金融政策与金融服务的系统性、创新性安排，是由向科学与技术创新活动提供金融资源的政府、企业、市场、社会中介机构等各种主体及其在科技创新融资过程中的行为活动共同组成的一个体系，是国家科技创新体系和金融体系的重要组成部分。

2. 科技金融的参与主体

科技金融主要涉及科技金融需求方、供给方、政府部门和相关中介机构等不同主体。科技金融需求方，包括高新技术企业、科研院所、高校等，其中高新技术企业、小微企业因高风险、融资难，更需科技金融的强力助推，是最大的需求主体。科技金融供给方，包括银行等金融机构、创业风险投资机构、科技保险机构和科技资本市场等；当然，在民间金融繁盛、高新技术企业内资融资扩容的背景下，个人也是供给方不可小觑的力量，可为创新行为提供金融支持。科技金融中介机构，包括担保机构、信用评级机构、律师事务所、会计事务所等，都是提升科技金融服务能力，促进供需对接的重要纽带。政府是科技金融体系中的一股特殊力量，既因科技金融发展离不开其有效政策支持，又因政府与所有其他主体存在服务与合作的关系。政府部门主要负责科技金融顶层设计、政策制定和市场的引导与调控，通过金融系统引导社会资源向创新领域流动和集中，从而更好地促进创新型国家建设；在此过程中，财政资金责无旁贷成为科技创新金融资本投入的重要力量。

3. 广东省发展科技金融的意义

首先，发展科技金融是提高广东省创新水平的必然要求。面对全球范围内的新一轮革命，国内各地区的激烈竞争以及珠三角转型升级和粤东西北的振兴发展，广东省必须通过一系列金融制度的创新安排，打破技术和资本壁垒，促进科技与金融的深度融合、互动发展，加快科技成果转化和培育，产生科技创新与金融创新的价值叠加效应，唯此才能在创新的时代浪潮中脱颖而出。其次，科技金融是科技型企业走出融资困境的绿色通道。科技与金融紧密依存的关系决定了科技型企业的发展需要金融发挥重要作用，需要科技与金融的有机结合。科技金融的出现，为难以达到传统金融机构服务门槛的科技型企业提供了融资机会，有利于科技型中小企业成果转化，培育和发展新兴产业。最后，发展科技金融是加快广东省经济社会转型的重要举措。目前广东省已经进入了经济社会转型发展的关键时期，大力实施创新驱动发展战略和推进金融强省建设，既是广东省贯彻落实党的十九大精神，推动经济社会发展的重要体现，又是经济转型的内在要求。

二、《2016 广东省科技金融发展报告》回顾

《2016 广东省科技金融发展报告》共五篇，分别是基础篇、综合篇、市场篇、区域篇与发展篇，多角度揭示了广东省 2015 年科技金融的发展情况。

基础篇除了对科技金融的内涵、组成要素、作用等基础理论进行系统梳理外，重点从金融、科技、政策的角度分析了广东省“科技金融生态圈”的调节与演化，以及发展与趋势。

综合篇分析了广东省科技金融的各参与主体运营全貌（见图 1－1）以及主体协同，融汇企业生命周期的特色科技金融运行模式，总结了广东省科技与金融融合为撬动金融资本向科技型中小企业流动所做的努力与成效，重点剖析政府主导、市场化运作的广东省各科技金融平台建设情况。

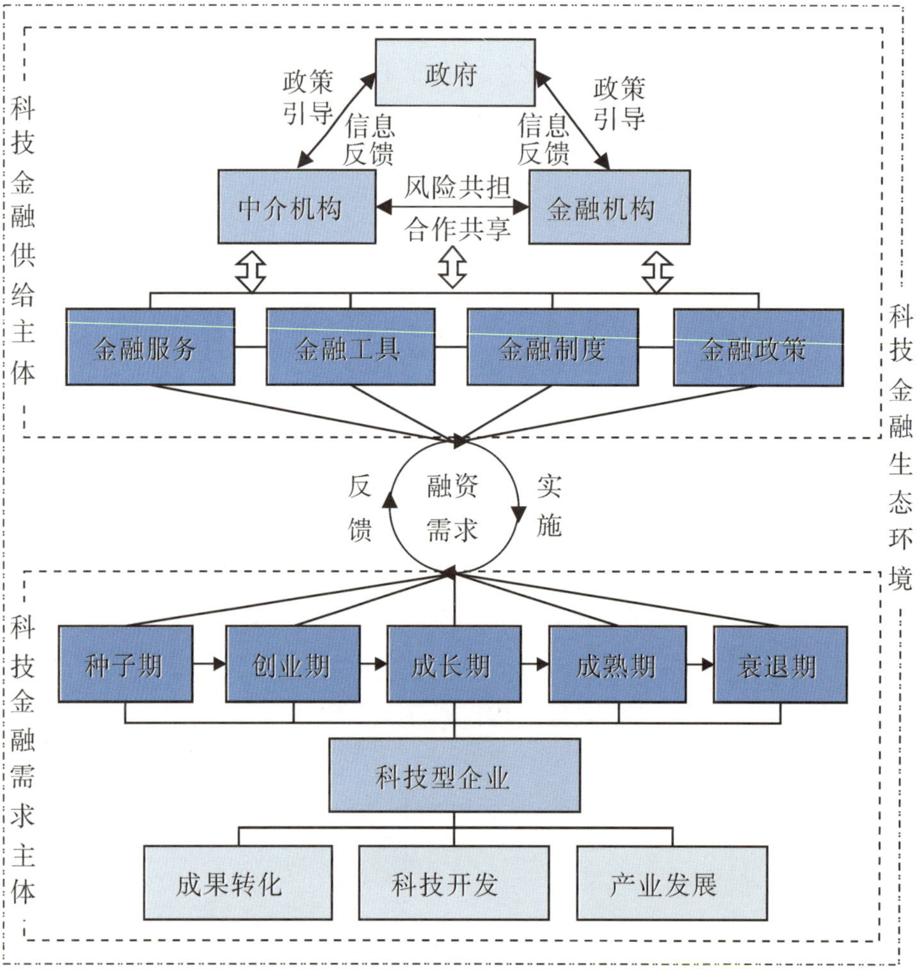

图1－1　科技金融主体及运行机制①

市场篇从创业风险投资、科技信贷与保险、多层次资本市场和互联网金融四个方面展示广东省科技金融发展的主要成效，深入分析全方位助推广东省产业升级转型的创新性金融产品及服务。

区域篇集中论述广东省科技金融发展的区域特色，重点反映深圳、“广佛莞”及粤东西北地区的科技金融创新前沿实践与成效（见图1－2，1－3）。

---

① 赵公民，刘敏，褚帅倾．科技金融与科技型中小企业协同演进的可视化研究．科技管理研究，2016（12）：34－51．

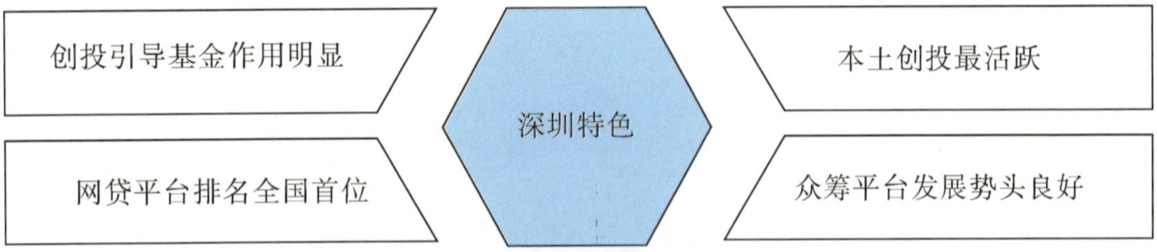

图 1-2　深圳科技金融发展特色

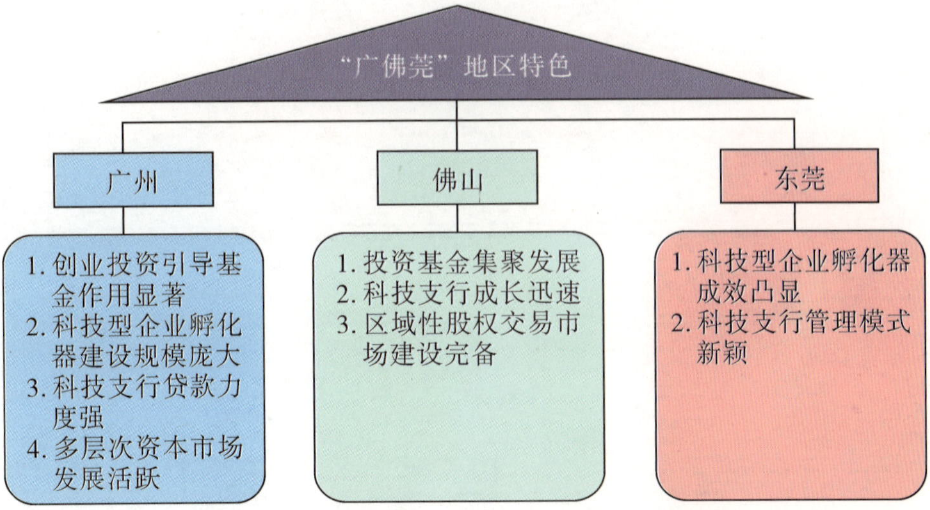

图 1-3　“广佛莞”地区科技金融发展特色

发展篇，聚焦广东省科技金融发展过程中暴露的突出问题以及新生议题，揭示“经济新常态”背景下面临的挑战与机遇，探讨解决之道。

三、《2017 广东省科技金融发展报告》概要

《2017 广东省科技金融发展报告》以“一二三多”的科技金融运行模式为主体，同时分析了广州市科技金融发展现状和广东省科技金融发展指数，力求在展现广东省科技金融整体框架的同时，突出广东省发展特色，全书技术路线图如下：

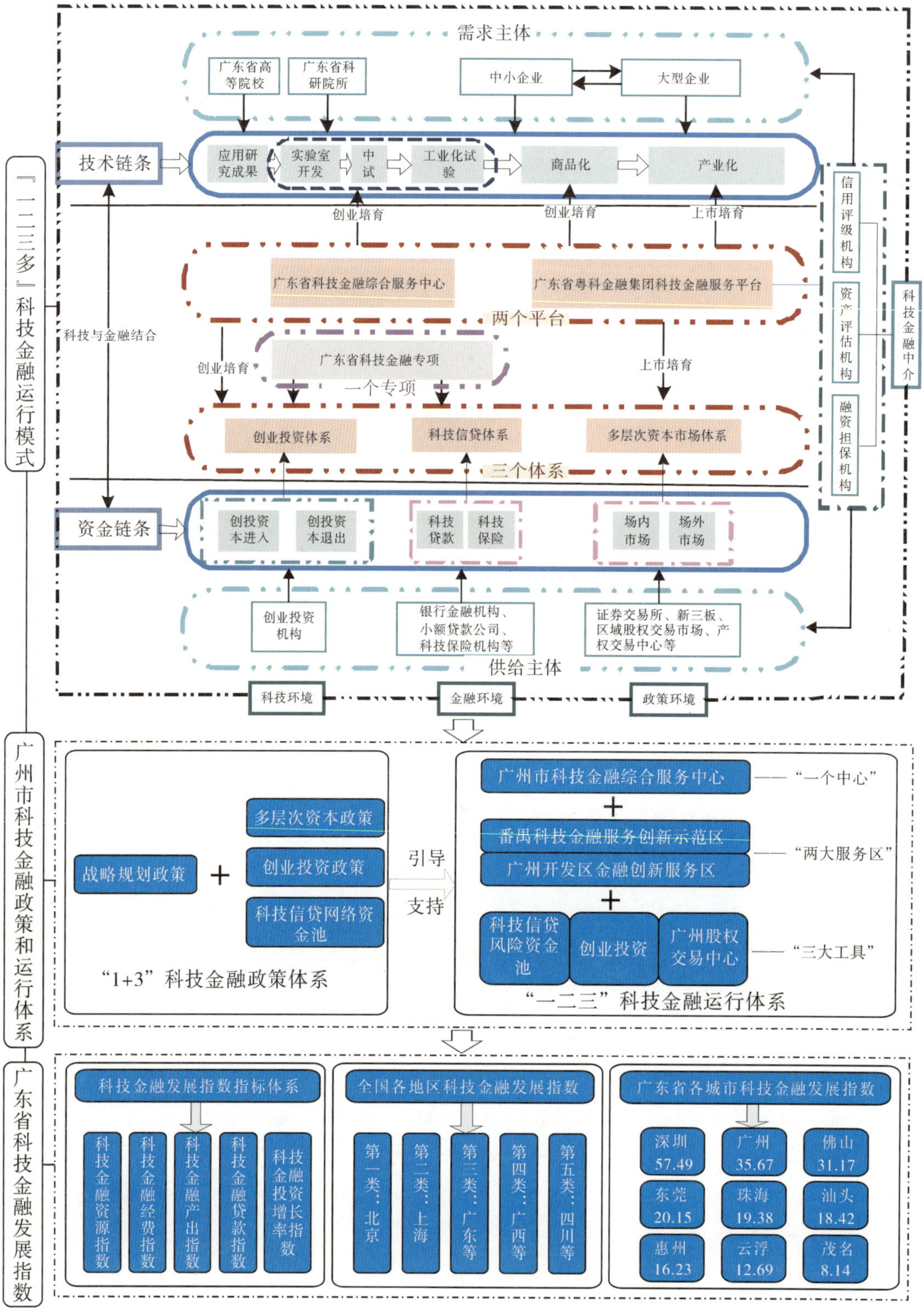

图 1-4 《2017 广东省科技金融发展报告》技术路线图

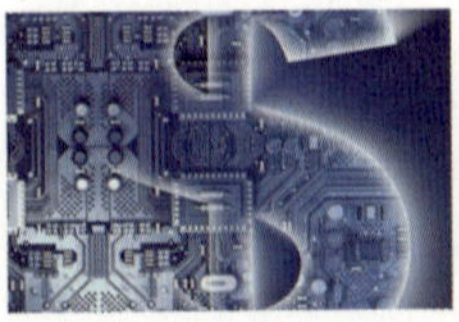

第二章 广东省产业技术创新与科技金融结合专项

广东省产业技术创新与科技金融结合专项（以下简称专项），亦可称为“一个专项”，是广东省科技金融特色“一二三多”的重要组成部分，源起于2013年8月广东省人民政府办公厅发布的《关于促进科技和金融结合的实施意见》（以下简称《实施意见》）。

专项利用财政资金的引导作用，带动社会资本参与科技创新，支持自主创新成果转化与产业化，促进科技与金融的结合。专项的实施，引导金融资源向科技领域配置，加快科技成果转化和培育战略性新兴产业，极大地推动了广东创新驱动发展战略的实施。

一、专项实施与管理

专项的管理以2014年8月广东省科技厅联合广东省财政厅发布的《广东省产业技术创新与科技金融结合专项资金管理办法》（以下简称《管理办法》）为基准，《管理办法》对该专项资金的部门权责、支持方向、分配管理、资金申报、审核拨付、信息公开以及监督检查和绩效考核做了具体的规范，保证了专项资金能精准切合科技型企业发展需求，推动广东省科技金融发展。

（一）专项支持范围

专项资金的支持对象仅针对在广东省内注册、具有健全财务管理制度的企业或其他有关单位。围绕全省重点领域、重点产业的重大科技需求，重点用于以下范围：

调动全省信贷机构扩大科技项目和提升科技型中小企业信贷规模；调动全省风险投资机构对科技型中小企业的投资；科技型企业研发费用、科技保险费用补贴；全省科技金融服务体系建设；产业技术创新和产业化项目及省委省政府指定的其他项目①。

① 《广东省产业技术创新与科技金融结合专项资金管理办法》（粤财工〔2014〕262号）.

（二）专项各部门职责

省财政厅负责专项资金预算管理，牵头制定专项资金管理办法；配合省科技厅印发申报指南；评审、编制、下达项目计划，审核拨付专项资金，组织实施专项资金财政监督检查和重点绩效评价等。

省科技厅负责专项资金的具体管理工作，会同省财政厅编制专项资金年度安排总体计划；组织项目申报、评审、报批；负责组织项目实施、验收、信息公开、监督和绩效自评工作。

市县科技主管部门负责组织当地项目审核、申报、实施、验收和绩效自评工作。省属企业集团（或主管部门）、中央驻粤单位负责组织系统项目审核、申报、实施、验收和绩效自评工作。

市县财政部门负责配合当地科技主管部门组织项目审核及申报工作，及时按规定拨付项目资金，对项目资金进行监督检查。

（三）专项实施流程

第一步：财政预算执行审批。省科技厅在收到省财政厅下达的预算执行通知后，提出年度安排总体计划（含专项资金安排额度、分配办法、支持方向和范围等），会同省财政厅按程序报省领导审批。

第二步：资金申报。省科技厅会同省财政厅联合下发年度专项资金申报通知，明确申报条件、扶持范围、扶持对象等内容，依托省政府网上办事大厅升级财政专项资金管理平台，做好专项资金申请受理、前置审核和信息公开等工作。各地按照年度专项资金申报通知要求，组织审核后由各地科技部门会同财政部门将项目联合上报省科技厅和省财政厅。

第三步：资金分配与拨付。省科技厅会同省财政厅按规定通过省级财政专项资金管理平台受理项目申请，并按照相关规定进行竞争性评审。根据评审情况，形成专项资金分配计划，按程序公示分配计划后报省领导批准并对纳入财政资金支持的项目实行滚动支持或分期实施。

第四步：项目实施与结题。纳入专项资金支持的项目，承担方按照与省科技厅签订的《省级科技计划项目合同书》要求，完成给定任务与目标后，向省科技厅提出验收申请，省科技厅组织相关专家对项目进行评审验收并对验收合格的项目进行归档。

二、专项支持情况

（一）专项支持项目

自2014年产业技术创新与科技金融结合专项设立以来，三年间共对科技信贷、创投联动、科技金融服务体系和创新创业大赛组织及补贴等专题的96个项目提供了财政支持，支持总金额达9.39亿元。在相关政策的带动下，各地纷纷设立相应的科技金融专项资金，带动风险投资、创业投资（简称创投）、信贷、保险等社会资本投入科技领域，促进科技型企业的发展。

表2-1　广东省产业技术创业与科技金融结合专项专题支持情况

专题类型	专题内容	支持金额（万元）		
		2014年	2015年	2016年
科技信贷专营机构补贴与补偿	鼓励银行等信贷机构设立科技支行、小额贷款、融资担保和科技租赁等专为科技型中小企业服务的机构；鼓励保险公司运用贷款保证保险等科技保险工具，分担和降低科技信贷专营机构向科技型中小企业提供信贷融资的风险，缓解科技型中小企业的信贷融资难题	0	10 565	
科技金融创投联动与补偿	加快天使投资和风险投资的发展步伐，鼓励创业投资企业、创业投资管理企业等投资机构更多地投向初创期和早中期的科技型中小企业，促进科技成果转化与产业化	7 500	2 500	20 100
科技金融服务体系建设	加强科技金融体系建设，为科技型中小企业提供科技政策、融资产品、中介服务等多层次科技金融服务	3 500	3 710	3 245

（续上表）

专题类型	专题内容	支持金额（万元）		
		2014 年	2015 年	2016 年
科技再担保基金	引导科技担保机构重点服务科技型中小企业，增强科技担保机构创新专利权担保等产品的积极性，扩大科技担保机构向科技型中小企业提供担保的规模，降低科技担保机构向科技型中小企业提供信贷担保服务的风险	3 000		
科技成果转化基金	以广东省财政经营性资金通过股权投资参股募集社会资本来设立广东省科技成果转化基金，引导更多资金投向科技成果转化和高新技术领域的企业		23 225	
科技投融资风险准备金及风险补偿	加强与银行、投资机构等金融部门的合作联动，引导更多的社会资本支持科技型中小企业			14 800
中国创新创业大赛	搭建培育和服务科技型中小企业的重要平台，整合创新创业要素，激发市场活力，引导更广泛的社会资源支持创新创业，促进科技型中小企业创新发展			1 760
合计		14 000	40 000	39 905

注：表格留空处为该年份没有设置该专题。

（二）专项支持导向

专项结合广东省科技金融发展的需求，设立了科技信贷补贴与风险准备金、科技金融创投联动与补偿、科技金融服务体系建设、中国创新创业大赛等标杆性专题，发挥了强力政策导向作用，风向标效果明显。

从支持方向来看，科技金融创投联动与补偿、科技金融服务体系建设是每年持续投入的重点方向，尤其是科技金融创投联动与补偿，2016 年投入达 20 100 万元，是前两年投入总和的 2. 01 倍。科技信贷每年也有大量资金支持，并且在支持方式上每年都在进行相应调整。2014 年设置的科技信贷专营机构补贴与补偿专题制定了信贷服务补贴和风险准备金政策，对科技信贷专营机构进行扶持。但经过两年的实施调整与完善，

2016 年新出的科技信贷政策中，科技信贷专营机构的奖励补贴政策被取消，风险准备金政策也完成了从支持设立省级层面“风险准备金”到鼓励省市联动的科技信贷风险准备金体系的转变。这体现了专项政策制定的连续性、一致性以及发展性。

从支持金额来看，至 2016 年共有 55 085 万元投入到创业投资专题，占总支持金额的 58.67%，涵盖创投风险补偿，成立基金以及创新创业大赛支持；投入到科技信贷相关专题的金额达 28 365 万元，占比 30.20%，内容涉及科技信贷风险补偿和风险准备金；科技金融服务体系则吸引了 10 455 万元的财政资金支持，占比 11.13%，支持科技金融服务网络建设、科技金融特色服务、新型科技金融发展等。

从支持趋势来看，2014 年设立的科技再担保基金，2015 年新设立的科技成果转化基金，2016 年科技金融创投联动与补偿专题支持金额突变式增加，以及新设立的中国创新创业大赛专题，都表明了广东省大力支持创业投资发展的大趋势。

三、专项实施成果

专项的实施，为广东省科技金融发展提供了强大的原动力，调动了全省信贷机构扩大对科技项目和科技型中小企业的信贷投资规模，推动了全省风险投资机构对科技型中小企业的投资热情，加快了全省科技金融服务体系的建设，促进了产业技术创新和产业化项目取得了不菲的成绩（见图 2－1）。

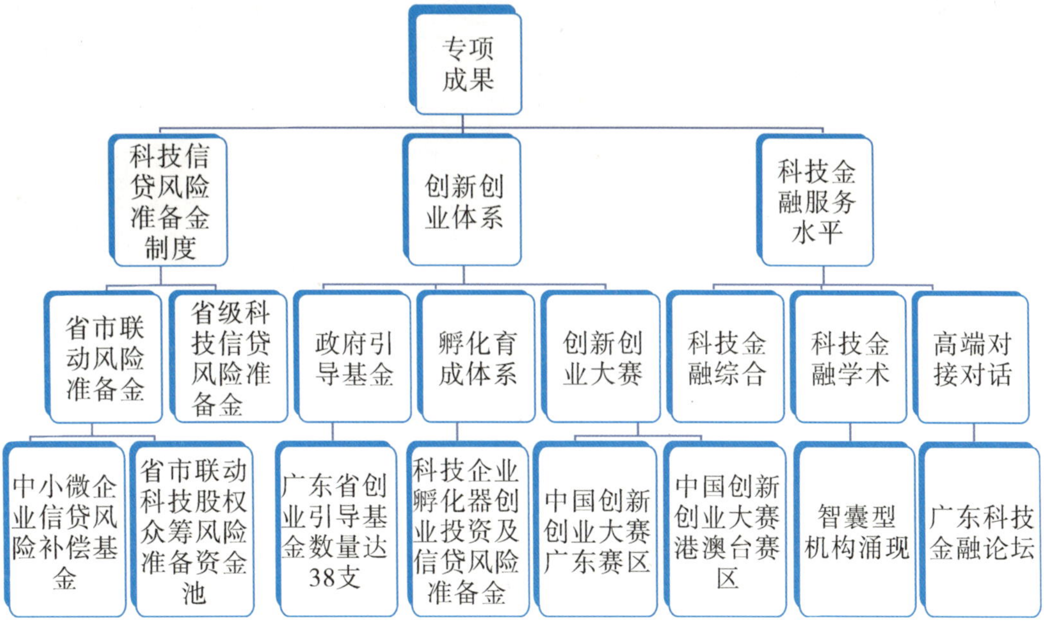

图 2－1　专项实施成果总览图

（一）形成科技信贷风险准备金制度

1. 省市联动风险准备金

省市联动风险准备金是指省市（或区、县）联动设立科技信贷风险准备金或风险补偿资金，分担科技信贷风险，拉动银行等金融机构放大对科技型中小企业的贷款额度。

省级财政资金对地市（或区、县）设立的风险准备金按照地市（或区、县）财政出资的一定比例（珠三角地区不超过30%、粤东西北地区不超过80%）予以支持，单笔不超过3 000万元。省级财政资金注入地市（或区、县）风险准备金池或风险补偿基金，由地市（或区、县）风险准备金池或风险补偿基金管理机构与省科技厅签订委托管理协议，明确风险分担比例及风险代偿程序。

2015年至2016年，省财政与珠海、韶关、河源等八市共同安排资金，设立中小微企业信贷风险补偿基金4.68亿元，以拨付贷款代偿风险准备资金的方式提供增信支持，引导银行针对重点产业集群、大型龙头企业上下游产业链、专业商圈等中小微企业集聚群体提供10~30倍的批发贷款。安排科技金融风险补偿资金1.4亿元，支持科技信贷专营机构补贴与补偿，鼓励创业投资机构更多地投向初创期和早中期的科技型中小企业，为科技型中小企业提供融资产品、中介服务等多层次科技金融服务。

2015至2016年省市联动科技股权众筹风险准备金池成立，与科技股权众筹平台分担项目损失风险；同时设立科技股权众筹领投基金，降低创新创业门槛，推动初创期科技型中小企业项目融资、成果转化。如佛山市探索设立“互联网+”母基金，发展互联网金融，引导发展天使投资群体，帮助“互联网+”初创企业实现融资，推动草根创新、微创新①。

2. 省级科技信贷风险准备金

省级科技信贷风险准备金是在省市联动风险准备金的基础上，单独设立面向广东省科技金融信息平台的省级风险准备金，与相关银行机构开展合作，对广东省科技金融信息平台上的科技型中小企业贷款出现的坏账项目实际产生的风险损失，按一定比例进行补偿或追加补偿。已经设立了风险准备金的地市和高新区先行先试，与省级科技信贷风险准备金联动，积极推荐科技企业在广东省科技金融信息平台线上融资获得贷款支持。

省级财政资金面向综合信息服务平台设立省级科技信贷风险准备金，注入2016年

---

① 广东省财政厅. http://www.gdczt.gov.cn/.

省级科技信贷风险准备金池，并定向委托2016年省级科技信贷风险准备金管理机构管理，对享受地市科技信贷风险准备金政策的贷款，发生贷款损失的本金部分由省级科技信贷风险准备金承担不超过40%、地市科技信贷风险准备金承担不超过50%、合作银行承担不低于10%（见图2-2）。

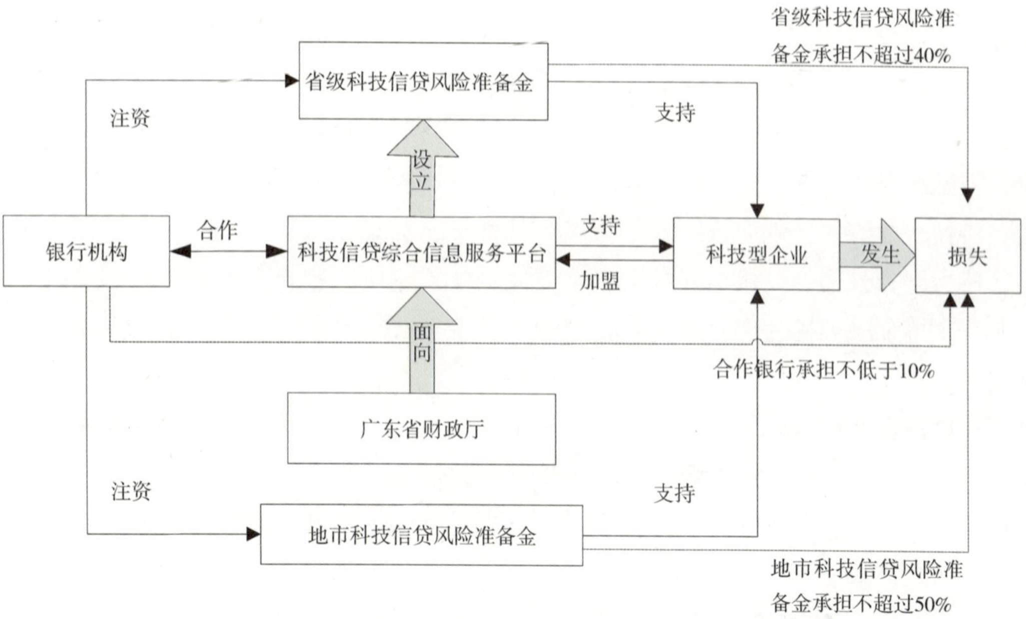

图2-2 省级科技信贷风险准备金运行流程图

省级科技信贷风险准备金为种子期、初创期科技型企业融资提供政府增信。一方面发挥财政科技专项资金的杠杆作用，用好科技信贷风险准备金，引导银行加大对科技型中小微企业的信贷支持力度；另一方面加强对省内科技企业孵化器的支持，落实科技企业孵化器信贷风险补偿资金优惠政策，促使银行信贷惠及广大科技型中小微企业和青年创客。

（二）综合创新创业体系逐渐完善

1. 政府引导基金初具规模

创业投资引导基金通过政府配资或者跟投的形式，发挥财政资金的杠杆放大效应，能够从源头上解决创业投资资本供给问题。

从历年广东省产业技术创新与科技金融结合专项的支持项目来看，财政资金参股设立的创投基金的基金数达17支，投入金额2.4亿元，设立科技成果转化基金1支，投入金额达2.322 5亿元。在此情形下，各地市及区县纷纷参与，设立地方政府创业投资引导基金，引导民间资本参与创新创业。清科集团私募通提供的数据显示，截至2016年12月，广东省政府创业投资引导基金数量达到38支，资金规模超过450亿元。

2. 孵化育成体系日渐完善

科技企业孵化器创业投资及信贷风险补偿资金是指由省财政预算安排，用于科技企业孵化器发展，对孵化器内创业投资失败的项目和对在孵企业首贷出现坏账项目所产生的风险损失，按一定比例进行补偿的财政专项资金。对孵化器内创业投资失败的项目，省财政创业投资风险补偿资金按项目投资损失额的30%给予创业投资机构补偿，当地市财政创业投资风险补偿资金按项目投资损失额的20%给予创业投资机构补偿。科技企业孵化器创业投资及信贷风险补偿资金有助于加强对省内科技企业孵化器的扶持力度，鼓励创投机构和社会资本设立创业投资资金投向孵化器内科技型中小微企业，支持金融机构为孵化器内科技型中小微企业提供贷款，促进科技成果转化与产业化。

在科技企业孵化器创业投资及信贷风险补偿资金的推动下，广东特色的孵化育成体系建设模式已逐渐形成，孵化器、众创空间数量呈爆发式增长。截至2016年底，广东省纳入创新驱动考核统计的科技企业孵化器达634家，数量位居全国第一，较去年同比增长58.9%；其中国家级孵化器83家，数量跃居全国第二，国家级孵化器培育单位64家；全省众创空间共511家，纳入国家级孵化器管理体系的众创空间共178家，各项指标居全国第一①。

3. 创新创业氛围浓厚

由科技部等国家部委共同指导举办的中国创新创业大赛，是一项以“科技创新，成就大业”为主题的全国性创新创业比赛，经过多年发展，成为国内规模和影响最大、规格和水平最高的科技创新创业赛事。目前，广东省已经成为国内最大的赛区，拥有广东和深圳两大赛区，2017年广东全省参赛企业总数达到5 800余家，占全国比重的20.8%②；同时广东省还牵头主办港澳台大赛和创客大赛两个专业赛事，在港澳台地区和海内外产生了广泛影响。

（1）中国创新创业大赛广东赛区。

中国创新创业大赛广东赛区的参赛企业和团队从2013年的782家增长到2017年的4 197家③，连续四年参赛企业和团队总数位居全国第一，掀起了全省的创新创

① 广东省科技厅．http：//www.gdstc.gov.cn/.

② 中国创新创业大赛．http：//www.cxcyds.com/.

③ 中国创新创业大赛．http：//www.cxcyds.com/.

业热潮。

2017 年，经过数月的激烈角逐，36 家初创企业、60 家成长企业突破重围（见图 2－3），脱颖而出，走上领奖台。获奖企业主要来自互联网和移动互联网、先进制造、电子信息、新能源及节能环保、新材料、生物医药六大行业。大赛共产生一等奖 12 个，二等奖 30 个，三等奖 54 个，15 个赛事组织单位和 19 个服务机构分别获得大赛优秀组织单位和大赛优秀服务机构的荣誉。截至 2017 年 9 月，获得投资或获得投资意向的项目超过 200 个，金额超 30 亿元，扶持了大批科技企业发展壮大①。

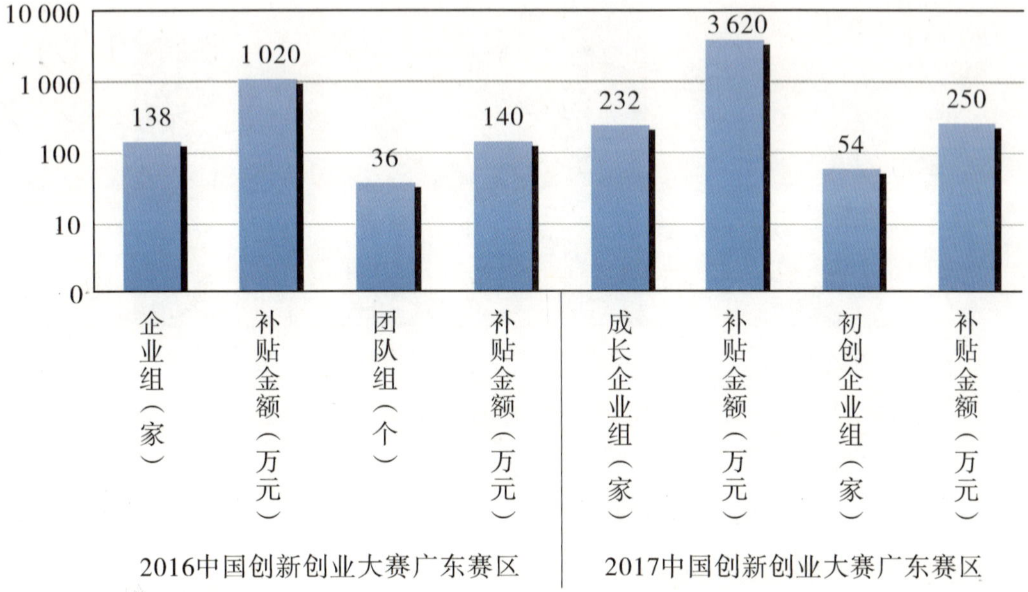

图 2－3　2016 年、2017 年中国创新创业大赛广东赛区获奖企业与补贴金额

（2）中国创新创业大赛港澳台赛区。

中国创新创业大赛港澳台赛区在科技部火炬中心、广东省科技厅、共青团广东省委、东莞市政府的指导与主办下，历时四年，已逐步成为两岸知名的创新创业赛事，搭建了两岸创新创业的交流平台。作为中国创新创业大赛的专业化特色赛事，港澳台赛区已持续引导和帮助了近千名港澳台创业者深入内地市场、考察内地的创新创业环境和各地的支持政策，以此促进港澳台地区与内地的创新创业交流与合作，对推动两岸创新融合与交流发挥了积极的作用。

2017 年中国创新创业大赛港澳台赛区设置了企业组和团队组进行角逐。其中，企

① 中国创新创业大赛 . http：//www. cxcyds. com.

业组在综合领域产生两个一等奖，文化创意领域产生一个一等奖，互联网与电子信息领域产生一个一等奖；团队组在先进制造与新材料领域产生一个一等奖。最终，项目同台竞技，Pear Limited 及新武新材料科技有限公司分获团队组一等奖和企业组行业一等奖，夺得总决赛“最具发展潜力奖”，并赢得大赛奖补贴资金。大赛总获奖企业数与补贴金额见图 2－4。

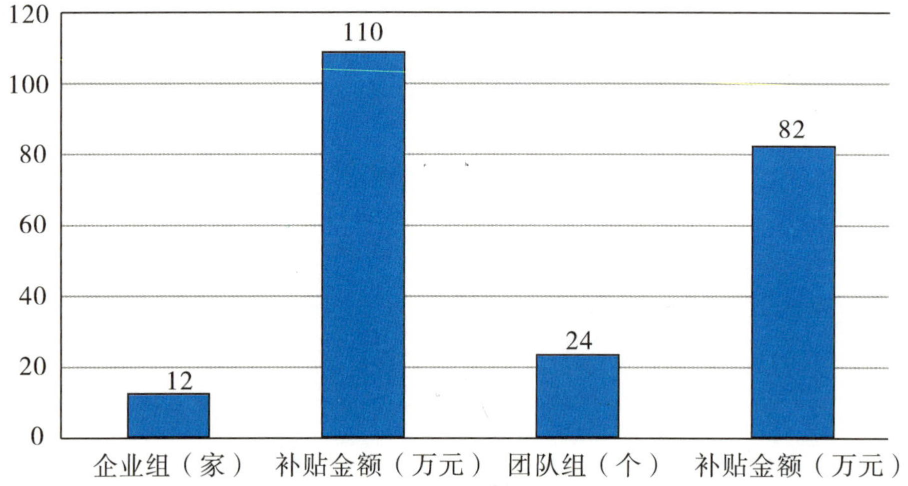

图 2－4　2017 年中国创新创业大赛港澳台赛区获奖企业与补贴金额

（三）科技金融服务水平稳步提升

1. 科技金融综合服务网络形成

广东省科技金融服务网络建设工作由广东省生产力促进中心牵头，主要依托粤科金融集团等专业力量，重点结合省内各地市的条件和需求，指导和推动省科技金融服务中心分中心建设。2014 年至 2016 年，广东省共投入 7 460 万元用于科技金融综合服务网络建设。按照广东省科技金融综合服务中心和地市分中心建设同步推进的原则，与地市科技部门、高新区加强联动与合作，指导和帮助建立地市分中心。到 2016 年年底，全省各地市分中心数量超过 30 家。

广东省生产力促进中心负责组织协调地市科技部门、高新区、专业镇等资源，粤科金融集团以其核心业务产品和服务力量为支撑，有序进驻各分中心，建立起覆盖全省的“线下实体＋线上网络”科技金融服务网络，形成覆盖科技型企业成长全过程的科技金融业务链，通过创业投资、风险投资、产业投资基金、科技小额贷款、融资担保、融资租赁等业务组合，与各地科技金融服务平台上下联动，开展多层次的投融资咨询及对接服务活动，组织实施科技金融特派员行动，为全省科技型企业提供全方位、专业化的科技金融服务。

2. 科技金融学术性团体活跃

在专项的支持下，广东华南科技资本研究院、广东风险投资促进会等一大批智囊型机构涌现。智囊型机构通过对科技金融理论探讨与数据分析进行模式创新和政策制定，为政府决策以及企业投融资咨询提供了实践参考，智库作用明显。同时，这些机构参与编撰的《2016 广东省科技金融发展报告》《广东省创业投资行业发展报告(2016)》等理论性研究成果广泛传播，在让大家了解广东省科技金融发展现状的同时，吸收国内外科技金融发展的先进经验，更好地为广大科技型中小企业提供服务。

3. 高端对接对话活动开展频繁

专项支持以全省科技金融服务体系为依托，联合省内外金融机构、专业机构或协会，开展面向高成长创新型企业、高素质企业家的新型科技金融服务对话活动。

广东科技金融论坛于 2016 年 11 月 11 日在白云国际会议中心召开。论坛以“科技金融创新与发展”为主题，邀请了国内外（包括中国台湾地区和以色列）知名金融大咖和产业精英共聚广州，探讨“普惠性科技金融”和“天使投资与众创空间”的发展思路。分论坛开展的相关路演活动为企业投融资对接提供了舞台。论坛吸引了政府领导、中外专家、金融机构精英、风险投资专家、企业代表等 600 多人参与，搭建了一个科技金融学术交流、资本对接的高端对话平台。

第三章 广东省科技金融服务平台

广东省科技金融“一二三多”特色体系中的“两个平台”——广东省科技金融综合服务中心和广东省粤科金融集团科技金融服务平台，是广东省科技金融综合服务平台的主要代表，并与科创服务平台、股权交易平台以及中介服务平台一起构成了广东省科技金融服务平台体系。

广东省科技金融服务平台将需求与成果、创新与创业、线上与线下、孵化与投资相结合，为科技型企业提供低成本、便利化、全要素的各式服务，在促进科技成果转化、支持创新创业方面取得了优秀成果，进一步推动了广东省科技金融发展。

一、科技金融综合服务平台

作为广东省科技金融综合服务平台的主要代表，广东省科技金融综合服务中心和广东省粤科金融集团科技金融服务平台在发挥融资服务和桥梁助手作用的同时，运用信息化手段加强对科技企业的科技金融服务，积极开创全省科技金融工作新局面。

（一）广东省科技金融综合服务中心

1. 广东省科技金融综合服务中心的构建

2014 年 10 月，广东省科技金融综合服务中心依托广东省生产力促进中心正式成立，成为广东省科技厅推动全省科技金融服务网络建设实施的牵头单位及全省科技金融服务网络的中枢。从 2014 年 5 月广东省首个科技金融综合服务分中心在汕头挂牌运作，到 2015 年 6 月广东省科技金融综合服务中心东莞分中心挂牌成立，1 年的时间内，广东省在珠三角地区和汕头、湛江、韶关等粤东西北地市建立了 20 个省级科技金融综合服务分中心。

2016 年，广东省继续加大对平台的推广应用力度，运用信息化手段加强对科技企业的科技金融服务，调动社会资本支持不同成长阶段的创新科技企业，打通科技型中小微企业融资的任督二脉，使全省科技金融建设工作更上一层楼。

2. 广东省科技金融综合服务中心——省综合服务中心

省综合服务中心是根据省政府科技金融工作总体部署和省科技厅具体安排，依托广东省生产力促进中心设立的省级公益性科技金融服务机构，与科技金融服务机构、各分中心建立联动机制，共同搭建全省科技金融服务网络。省综合服务中心重点开展以下工作：一是推动综合服务中心各地市、高新区分中心建设，逐步建立覆盖全省的"线下实体＋线上网络"的科技金融服务网络；二是组织分中心工作人员开展业务培训，培养科技金融专业化工作团队；三是遴选和培训科技金融特派员，形成一支业务素质高、服务能力强的科技金融人才队伍；四是构建全省科技项目成果库和科技型中小企业信息库，建设全省科技金融信息服务平台；五是组织各类科技金融资源，与各地科技金融服务平台上下联动，开展多层次的投融资咨询及对接服务活动；六是结合分中心的需求，探索科技金融服务的新模式和新路径。

3. 广东省科技金融综合服务中心——各地市、高新区分中心

广东省科技金融综合服务中心各地市、高新区分中心是为了探索形成省市联动、富有区域特色的科技金融对接服务模式，以推进创新驱动发展战略，积极推动省市科技金融政策的实施，更好地发挥科技投融资体系作用而搭建的覆盖全省各地市、高新区的科技金融服务网络。

各分中心已经形成了各具特色的工作模式：

广州分中心模式：广州分中心聚集科技金融服务资源，通过3个主要措施，推动广州市科技金融结合试点建设：一是上下联动，紧密联系省科技厅、市科信局以及各区科信局，协同推进科技和金融结合工作；二是整合资源，整合广州市科技型企业的科技活动信息和相关信用信息，建立覆盖面广的征信系统与服务体系；三是创新服务，保持与金融机构、担保机构的良好互动，为企业集中办理一站式咨询、交流、融资对接等服务项目。

佛山分中心模式：佛山分中心为企业提供融资担保、风险补偿，通过在线系统和举办专场活动等手段为科技企业和融资服务机构牵线搭桥，对企业进行信用评价，建立科技型企业信用信息数据，提高企业融资成功率。佛山市政府通过设立专项基金等形式来引导国外资本、民间资本和内地金融资源等流向佛山本地科技型企业，并出台政策支持互联网金融服务。

东莞分中心模式：东莞分中心采取省市镇三级联动的工作模式，整合企业、项目、融资、投资、担保、租赁、产权交易等资源，主要提供科技金融投融资服务、科技金融政策服务、人力资源及培训服务、科技金融统计分析服务和其他科技金融服务。

4. 典型分中心动态

广东省科技金融综合服务中心各地市、高新区分中心在助推当地的科技金融发展方面起了极大的作用（见表3－1）。

表3－1 典型分中心动态

中心名称	中心动态
广州分中心	拿出近10亿元的财政资金，设立了近4亿元科技型中小企业信贷风险补偿资金，撬动40亿元信用贷款；计划在从2016年开始的5年内，市财政再拿35亿元聚集产业领军人才
广州高新区分中心	建立起新三板服务体系，联合各园区、孵化器和科技金融机构等单位，力推科技企业在全国中小企业股份转让系统（新三板）和广州股权交易中心挂牌，初步形成了广州科技板块。2016年“创新企业特训营”共吸引近15家企业参加，为企业更好进行资本微路演营造良好的氛围
佛山分中心	积极为企业搭建金融服务平台，构建“一站式”科技金融服务平台，受托开展科技型中小企业审核、科技金融信用体系建设、科技信贷融资服务、创业服务、科技金融信息对接平台、互联网众筹平台、企业上市培育等科技金融服务。2016年，平台培育了14家上市公司。其中新三板挂牌企业有4家，广东金融高新区股权交易中心挂牌企业有6家，前海股权交易中心挂牌企业有5家
汕头分中心	从2015年开始加快推进创业孵化基地建设，建成柏亚电商学院，并成功举办多次创新创业大赛。2016分中心举办“2016新春汕头塑料行情交流专场活动”，通过科技创新与金融创新等手段，探索塑料行业发展的新方向，点燃行业创新思想风暴
珠海分中心	设立了创业投资、风险补偿资金，包括联合珠海市政府出台了《珠海高新区天使投资扶持办法》和《珠海高新区扶持创新创业“成长之翼”助贷办法》，高新区创业服务中心共发起创投基金总资金规模达8.2亿元，重点投资初创型和成长型科技企业。2016年，分中心建设科技投融资综合服务平台，将科技企业发展与金融对接，吸引更多的资金发展科技企业

（二）广东省粤科金融集团科技金融服务平台

广东省粤科金融集团科技金融服务平台依托于广东省粤科金融集团有限公司（简称粤科金融集团）而设立。广东省粤科金融集团是国内最早成立的创投机构之一，也是国内首家省级科技金融集团，是广东省委、省政府为进一步促进广东科技、金融和产业融合，更好地服务广东经济建设和社会发展，在广东省粤科风险投资集团有限公司的基础上组建的政策性科技金融集团（见图3-1）。

粤科金融集团充分发挥作为促进科技和金融结合的主渠道、主平台和主力军作用，提升科技金融业务核心竞争力和影响力，全面实施科技金融产业融合发展战略，构建“3+1”科技金融业务体系（见图3-2），支持自主创新和中小企业发展，初步构建起覆盖科技型企业不同发展阶段的全链条、全过程的科技金融服务体系和平台，为广东省国有企业改革发展和打造科技金融产业融合发展的骨干企业提供有益的经验与示范。

至2016年年底，粤科金融集团总资产约300亿元，净资产150多亿元，管理政府引导基金及子基金40支，参股的创业风险投资基金32支，基金总规模达500亿元；累计为2 000多家科技企业提供投融资服务，推动21家企业实现IPO上市，40多家企业在新三板挂牌[①]，为广东省科技型企业的成长壮大提供了强大的推动力。

在再贷款、再担保、兼并收购、设立人民币走出去基金、香港发行人民币债券以及农村金融与科技金融的有机结合等方面取得初步成效的基础上，2017年，粤科金融集团适应加快创新改革发展，打造国内一流创投机构的战略需要，构建完善基金业务、创投业务、金融业务和资产管理四大业务体系，基本形成了“创投为主、多业联动”的发展格局。

---

① 粤科金融集团. http://www.gvcgc.com.

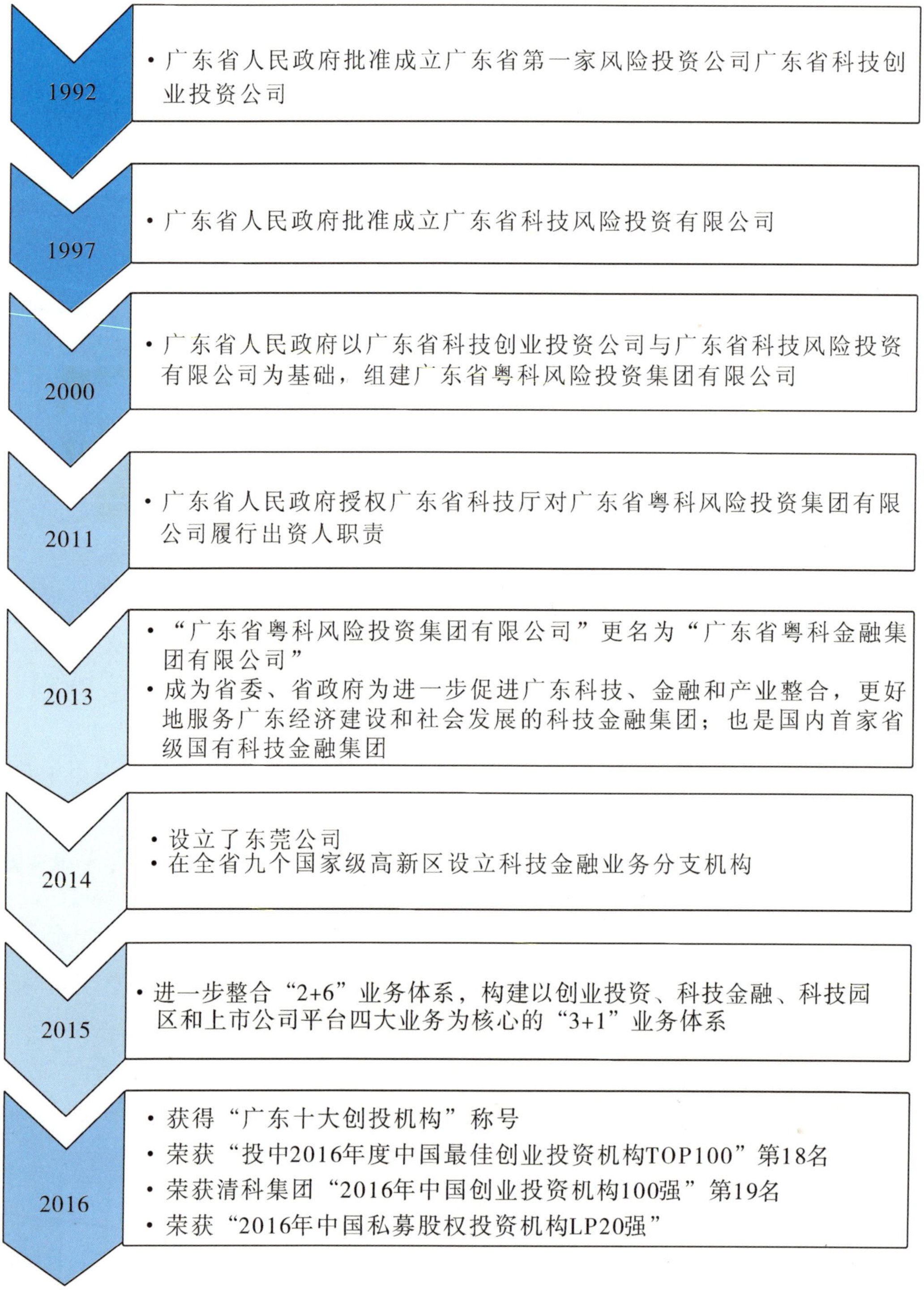

图3－1 广东省粤科金融集团科技金融服务平台历史沿革[①]

① 粤科金融集团．http：//www. gvcgc. com.

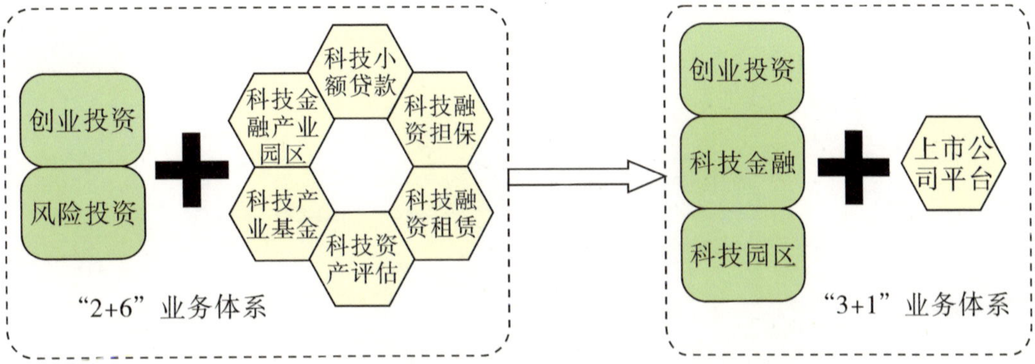

图 3－2　广东省粤科金融集团科技金融业务体系

二、科创服务平台

广东省从产学研联盟和众创空间两个科创服务平台入手，提升原始创新能力和产业技术创新能力，完善科技成果转化服务体系，以更好地服务于科技型中小企业。

（一）产学研联盟

广东省产学研联盟是产学研合作的高级阶段，相比于项目合作的产学研初级阶段，以及平台合作的中级阶段，重在平台合作基础上构建战略性合作伙伴关系，属于自上而下的战略性高层次合作，其主要目标是围绕区域发展的关键或重大课题、产业技术优化和升级的战略性问题展开合作，推动知识产权和新产业的跨越式发展。

1. 广东省产学研联盟发展现状

广东省已建立四个层次级别的区域产学研联盟：一是省部级区域联盟，二是地级市区域产学研联盟，三是区、县级产学研联盟，四是专业镇级产学研联盟。

广东省省部产学研联盟工作于 2007 年正式启动，与教育部、科技部签订的产学研联盟协定，推动各级政府建立体系性的各层级产学研联盟，旨在引导省级行业龙头企业、骨干企业与重点高校、科研院所成各方优势科技资源，开展深入合作，其运行模式如图 3－3。

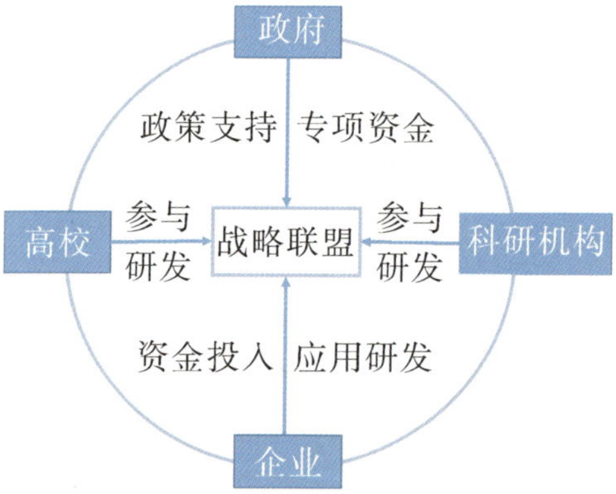

图 3-3　广东省产学研联盟运行模式

根据《广东省科学技术厅关于印发2015年认定广东省产业技术创新联盟名单的通知》（粤科函产学研字〔2016〕242号）、《广东省科学技术厅关于印发2016年度广东省产业技术创新联盟认定名单的通知》（粤科产学研字〔2016〕175号）和《广东省科学技术厅关于2017年度广东省产业技术创新联盟拟认定名单的公示》（粤科公示〔2017〕11号），广东省科学院产业技术创新联盟等182家产学研联盟入选。其中，2015年有18家，2016年与2017年各有82家（见图3-4）。

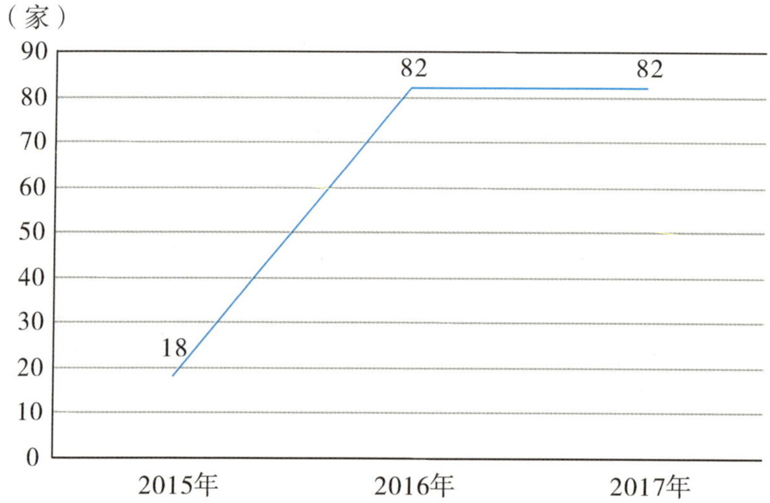

图 3-4　广东省产学研联盟数量增加趋势

在政府的大力支持下，2016年广东省产学研联盟数量大幅增加，发展突飞猛进，较2015年增长4.5倍，2017年联盟数量保持稳定。

根据联盟发起主导的主体类型，182家联盟大致可分为四种类型：企业主导型、高校主导型、科研院所主导型和共同推进型。据图统计数据显示，企业主导型是当前联盟中最主要的主导发起方式，共104家，占联盟总数的57%，比例远高于其余三种类型（见图3-5）。这也从侧面说明企业作为创新主体在产业发展中的中坚作用，以及创新联盟的蓬勃发展来自企业自我发展的创新需求。

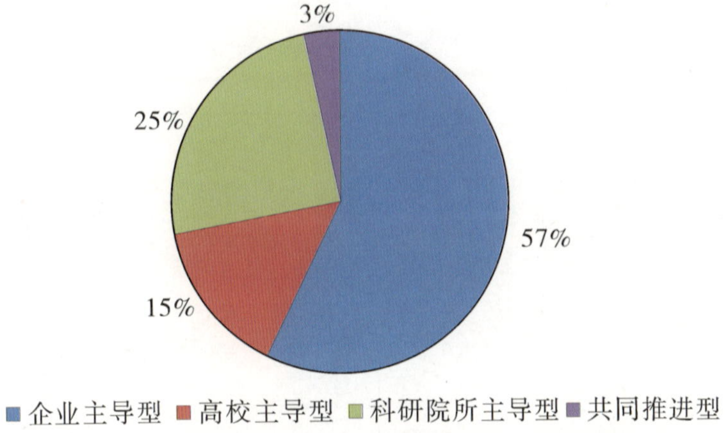

图3-5　2017年广东省产学研联盟主导类型分类

在联盟涉及的产业上，182家联盟涵盖了先进制造、电子信息、新材料、现代农业、生物医药、节能环保、现代服务业、新能源等众多产业领域（见图3-6）。其中涉及先进制造、生物医药和现代服务业的联盟数量相对其他领域较多，共86个，占到联盟总数的47%，显示广东在这些产业领域中具有强劲的发展势头。

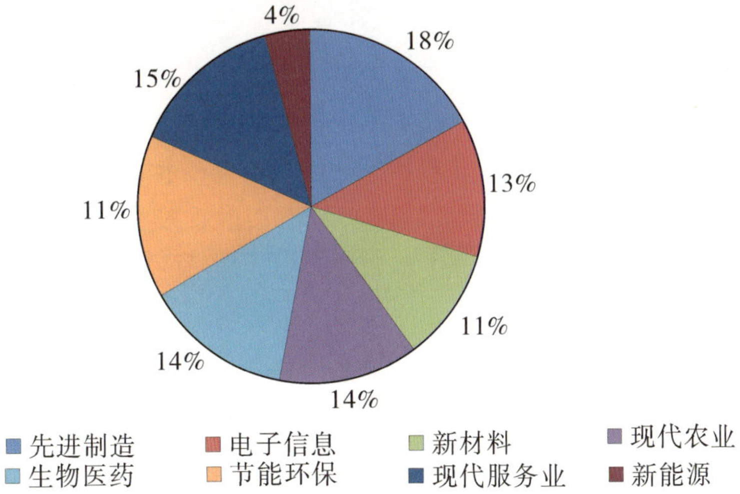

图3-6　2017年广东省产学研联盟涉及产业

在各联盟的地域分布上，可以看出联盟的数量分布与各地市的经济发展情况和地方产业结构息息相关。从统计中可以发现，联盟大量集中在珠江三角洲核心区域内，联盟数量以广州为首，其联盟数已占联盟总数的一半以上，佛山、中山、深圳等产业发达城市次之；而外围欠发达城市的联盟数较少，反映出这些地区产业集群效应及影响力不明显，所组成的联盟数与发达地区存在巨大差距（见图3－7）。

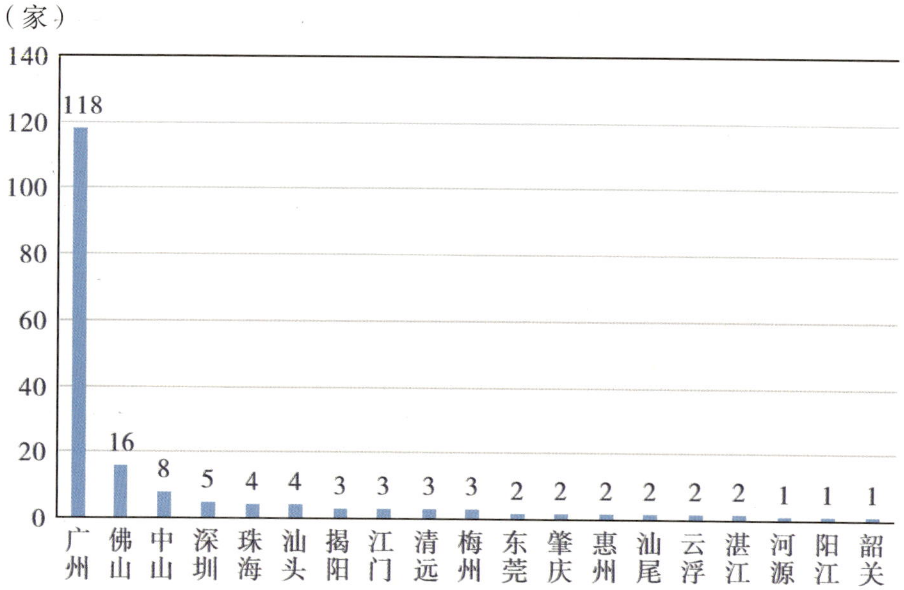

图3－7 2017年广东省产学研联盟的地市分布

2. 广东省产学研联盟特征

（1）加强政府引导，完善市场机制。

产学研联盟的建设与发展和行业的技术创新能力建设、产业的结构调整与升级以及区域经济的发展与增长的关系极为密切。因此，联盟在市场化运作的同时也离不开政府的宏观调控，尤其是在联盟建设初期，政府部门的直接参与和宏观引导显得尤为必要。众多联盟在发起和建立的过程中都有政府相关部门的积极参与，部分单位甚至牵头发起，发挥出显著的引导和推动作用，如广东省科学院产业技术创新联盟、广东省稀土产业技术创新联盟、广东省蜂产业技术创新联盟等。在这些联盟中，政府有关部门也作为联盟的成员单位参与进来，与企业、院校等一同推动该领域的创新发展，其重视程度可见一斑。

（2）集聚优势资源，带动产业发展。

广东产学研创新联盟建设广泛吸引、汇集了重点高校和科研院所的优势资源。在已认定的182个产学研联盟中，中山大学、华南理工大学、暨南大学、华南师范大学、广州大学等重点高校都参与其中；在参与的科研机构中，则有中国科学院系统的各研究所、广东省科学院等国内优势科研院所。在联盟建设中，其中一些高校结合自身学科优势及重点研究方向参与了多家联盟，如中山大学的光伏产业技术创新联盟、广东省中医药大学的茶疗养生产业技术创新联盟、华南农业大学的大豆产业技术创新联盟等。通过与这些高校及科研院所的产学研结合，各地在产业创新发展上最大限度地汇集了优势创新资源，为企业的技术创新及产业的转型升级提供了动力。

（3）研发共性技术，推进行业创新。

技术创新联盟是产学研联盟的重要形式，目的不只是为了解决联盟成员自身的发展问题，更立足于整个行业，着力解决行业面临的共性技术难题，推动行业的技术创新与科技转型。因此，技术创新联盟在组建伊始，就有清晰的战略目标，协同合作，针对行业中的共性技术难题和影响产品先进性的关键技术组织联合攻关；通过设定联盟的近期目标、中期目标、远期目标并逐一实施，有效带领成员们共同提高行业的整体技术水平，提高产业核心竞争力。

（二）众创空间

2015年3月，国务院出台《关于发展众创空间推进大众创新创业的指导意见》（以下简称《指导意见》），首次提出建设众创空间，支持大众创新创业。《指导意见》将众创空间界定为“把握互联网环境下创新创业特点和需求，通过市场化机制、专业化服务和资本化途径构建的低成本、便利化、全要素、开放式的新型创业服务平台的统称”。

1. 广东省众创空间发展现状

2015年，广东省政府出台了《关于进一步促进创业带动就业的意见》，安排25亿元用于创业补贴。省科技厅、财政厅联合出台了《关于科技企业孵化器创业投资及信贷风险补偿资金试行细则》。细则规定，在孵化器内创业投资失败的项目，省、市两级财政的创业投资风险补偿资金，将按项目投资损失额50%给予补偿。如果首次贷款项目出现坏账，坏账项目贷款本金将由银行、省、市财政三方分担全部损失。

2016年，省政府出台《关于加快众创空间发展服务实体经济转型升级的实施意见》，进一步推动众创空间向纵深发展。2016年全年，广东省众创空间处于爆发式增长阶段，截至2016年年底，广东省纳入统计的众创空间有511家，纳入国家级孵化器管理体系的三批众创空间共178家①，均居全国第一，从2015年年底第一批公布的14家国家级众创空间到第三批的104家，广东省国家级众创空间的数量增长了6倍多（见图3-8）。在孵企业集聚创业人才超过8.9万人，涌现出腾讯众创空间、柴火众创空间、中大创新谷、工匠创客汇等一批特色鲜明的众创空间。

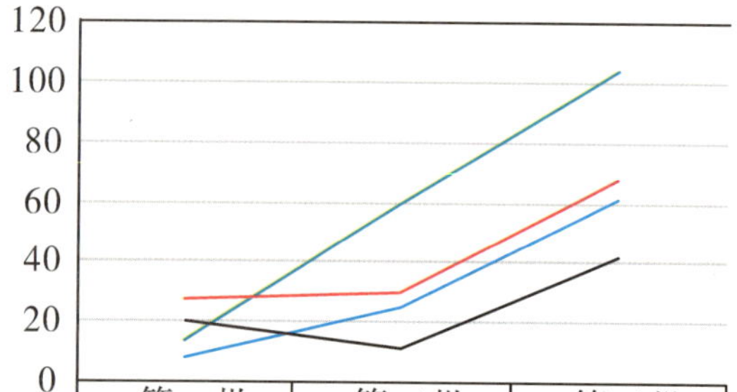

	第一批	第二批	第三批
广东	14	60	104
北京	27	30	68
江苏	8	25	61
天津	20	11	42

图3-8 四地国家级众创空间数增长趋势

在2015年、2016年与2017年广东省科技厅认定的“广东省众创空间试点单位”的名单中，众创空间主要聚集在珠江三角洲，广州高居榜首，共80家，占众创空间总数的30%；深圳次之，共34家，占比13%；珠江三角洲其余各市占37%；粤东西北地区仅占20%（见图3-9）。

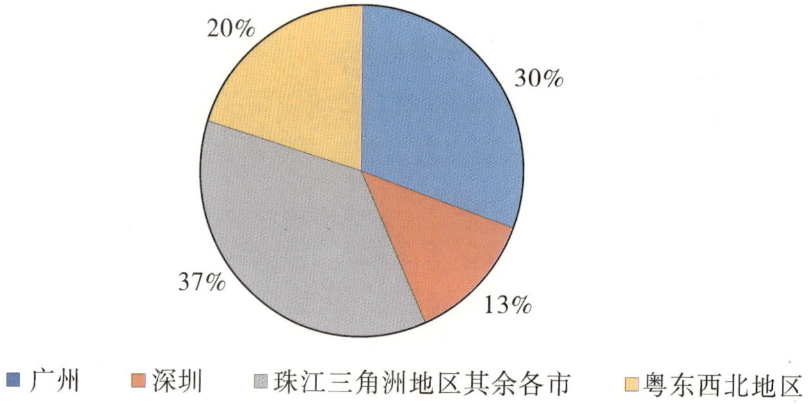

图3-9 广东省众创空间的地区分布

① 广东省科技厅. http：//www. gdstc. gov. cn/.

2. 广东省众创空间的发展模式

当前广东省众创空间的发展模式主要有五种类型：

一是投资促进型。针对创业项目、初创企业急需解决的资金问题，以资本为核心和纽带，聚集天使投资人、投资机构，依托其平台吸引汇集优质的创业项目，为创业企业提供融资服务，并帮助企业对接配套资源，从而提升创业成功率，如广州创新谷、中大创新谷等。

二是创客孵化型。以服务创客群体和满足个性化需求为目标，将创客的奇思妙想和创意转化为现实产品，为创客提供互联网开源硬件平台、开放实验室、加工车间、产品设计辅导、供应链管理服务和创意思想碰撞交流的空间，如深圳柴火空间、广州创元素等。

三是产业链整合型。一般由行业龙头企业建立，以服务产业链上下游的企业为主，提供专业技术服务平台及产业链、市场资源支持，协助优质创业项目与资本对接，帮助产业链上下游项目成长，如腾讯开放式平台、万科云（深圳设计公馆）等。

四是联合办公型。主要为互联网、文化创意等创业者提供人性化与智能化结合的共享办公空间服务、时尚及极具创意设计的工作空间和社交平台，如广州一起开工社区、广州酷窝等。

五是综合生态型。通过房地产开发的模式，以公寓为载体，构建一个集居住、创业、社交、娱乐功能于一体的综合社区，也为创业者在居住和生活上提供一个寻求合作交流与资源整合的平台，如广州 YOU + 国际青年社区、Hi-Monday 平衡办公社区等。

三、股权交易平台

作为广东省多层次资本市场的重要内容，股权交易平台在对中小微企业培育、规范及融资等方面发挥了重要的作用，助力科技企业突破传统融资枷锁，攻克融资难题，引领科技企业度过发展瓶颈。详见第六章。

（一）创业板市场

创业板又称二板市场，即第二股票交易市场，是指主板之外的专为暂时无法上市的中小企业和新兴公司提供融资途径和成长空间的证券交易市场，是对主板市场的有效补给，在资本市场中占据着重要的位置。发展创业板市场。对于广东省创业投资体系的建设、多层次资本市场平台的构建以及其他方面的经济改革都有极大的推动作用。

（二）新三板市场

新三板市场指获得国务院批准，全国性的非上市股份有限公司股权交易平台，主要针对的是中小微企业。2016 年广东省推动区域性股权交易市场与新三板市场的对接，超过 30 家企业通过区域性股权交易市场培育成功，转至新三板挂牌，并在珠海横琴设立了新三板南方运营基地，进一步探索建立区域性股权交易市场与新三板的对接通道。

（三）区域性股权交易市场

区域性股权交易市场是为特定区域内的企业提供股权、债券的转让和融资服务的私募市场，是多层次资本市场的重要组成部分，亦是多层次资本市场建设中必不可少的部分。截至 2016 年年底，广东省共有三家区域性股权交易市场（OTC 市场），分别是广州股权交易中心、广东金融高新区股权交易中心和前海股权交易中心。

四、中介服务平台

创新中介服务体制机制，使企业和人民能够共享中介成果，有利于促进创新与共享理念的有机结合，有利于畅通居民、非金融企业及机构与金融机构间的信息沟通与服务，有利于促进金融有效服务实体经济。建立健全中介服务体系，推动现代金融中介服务的健康快速发展。该平台主要实现以下三方面的功能：融资服务的监管功能、信用评价功能、资产评价功能。

（一）信用评级机构

信用评级机构是依法设立的从事信用评级业务的社会中介机构，即金融市场上一个重要的服务性中介机构，它是由专门的经济、法律、财务专家组成的对证券发行人和证券信用进行等级评定的组织。

广东省积极培育信用服务市场，已培育一批具有全国影响力的本土信用服务机构，如广东鹏元征信有限公司、深圳前海征信中心股份有限公司等。截至 2017 年 9 月，广东省一共有信用评级机构 125 家，其中广州市 14 家，仅次于深圳（见图3－10），在广东省的信用评级行业占重要地位[①]。

① 企业信用网．http：//www.bgcheck.cn/ProAgents/Rating/GdRating.html.

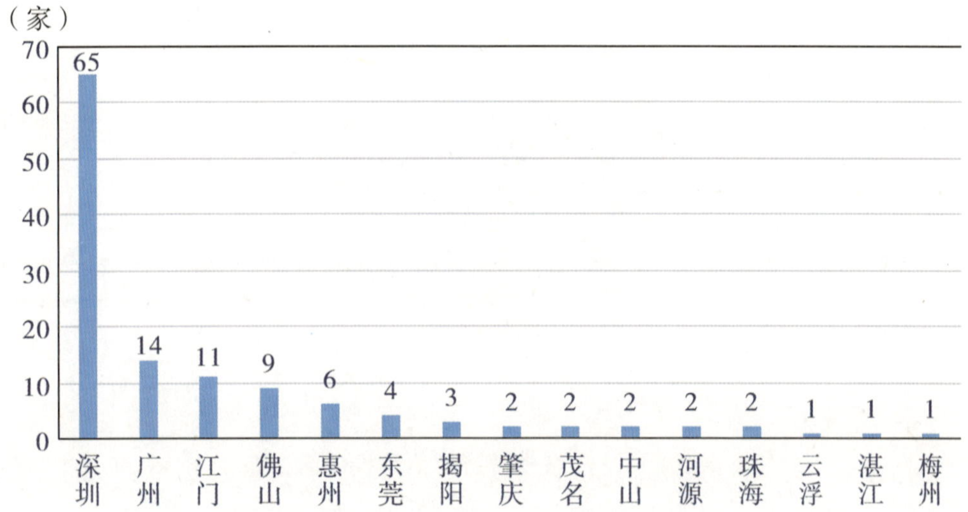

图 3－10　广东省信用评级机构区域分布

（二）资产评估机构

资产评估机构是以提供独立、客观、公正的资产价值估算为主要内容的社会中介服务组织，通过资产评估活动，提供社会服务，在促进企业产权制度改革的顺利进行以及保证社会资源的优化配置和合理流动等方面发挥了重要作用。

《广东省资产评估行业人才发展规划（2012—2016 年）》《关于印发〈广东省资产评估机构综合评价办法〉的通知》（粤评协〔2014〕60 号）和《关于做好 2016 年资产评估机构综合评价工作的通知》（粤评协〔2016〕14 号），是广东省与资产评估机构相关的重要政策文件。

2016 年，根据广东省资产评估协会开展的资产评估机构综合评价结果，广东中广信资产评估有限公司、广东联信资产评估土地房地产估价有限公司和广东中联羊城资产评估有限公司分占前三甲。公示的前 80 家机构中，有 36 家位于广州，8 家位于佛山，7 家位于珠海，7 家位于东莞，4 家位于中山①（见图 3－11）。

① 广东省资产评估协会．关于广东省 2015 年资产评估机构综合评价前 80 家信息的公示．http：//www.gdpx.org/news? Article_ id＝3349．

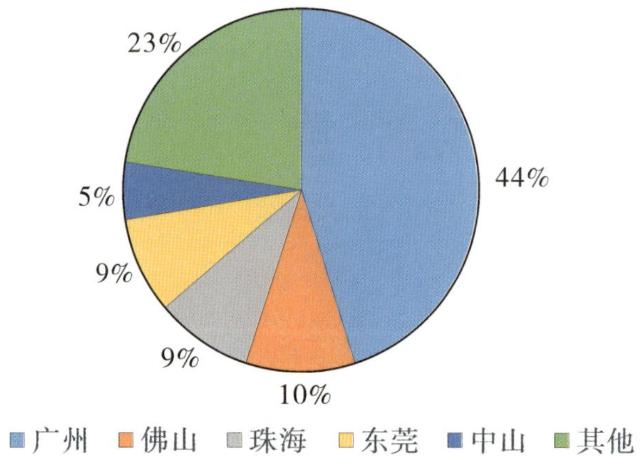

图 3－11　广东省资产评估机构地区分布

（三）融资担保机构

为了推动广东省融资担保行业健康发展，缓解中小微企业和“三农”融资难、融资贵问题，广东省人民政府出台了《关于促进广东省融资担保行业加快发展的实施方案》，提出了建立健全融资担保机构体系、有针对性地加大政策扶持力度、加强监管和行业自律、优化行业发展环境这一系列促进广东省融资担保行业发展的方案。截至 2017 年 9 月，广东省融资性担保机构共有 378 家，其中广州市 78 家①（见图 3－12），仅次于深圳市，充分发挥了融资担保渠道作用。

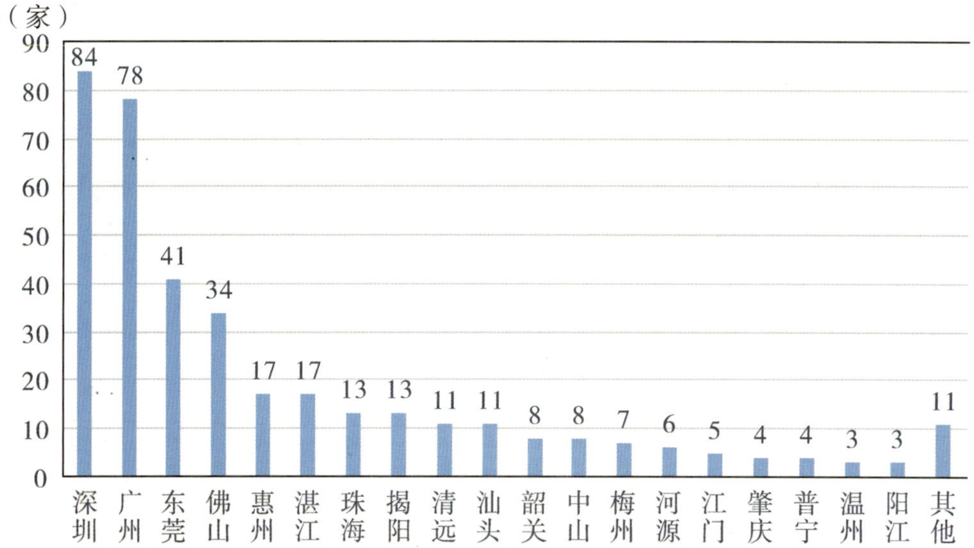

图 3－12　2017 年广东省融资担保机构地域分布

① 企业信息网. http：//www. bgcheck. cn/ProAgents/Rating/GdRating. html.

第四章　广东省创业投资

创业投资是广东省科技金融特色“三个体系”的核心内容，在促进科技成果转化、发展创业型企业、培育新兴产业等方面起到了重要的推动作用。伴随着广东省“科技兴粤”战略方针的落实，广东省科技水平明显提高，创业投资行业也在不断发展。

一、创业投资全省概貌

创业投资是专业的机构（企业）将所筹集到的资本以股权、准股权或者具有附带条件的债权等形式，向那些不能借助传统融资渠道集聚资本的、具有高成长性的、未上市的机构（企业）提供新增资本，或通过支持MBO和MBI等活动，为机构（企业）重组进行融资的一种投资行为①。截至2017年5月底，广东省拥有私募股权、创业投资基金管理人2 372名，管理基金数量4 994支，基金实缴规模1万多亿元，认缴规模1.75万亿元，占全国总量的1/5，市场规模持续高速扩张。

（一）创投企业及项目稳步增长

在国务院办公厅出台的《关于发展众创空间推进大众创新创业的指导意见》指导下，大众创业万众创新的时代理念逐渐深入人心。受此环境影响，广东省创投行业发展前景日趋明朗，在经历了2015年的爆发式增长后，依旧呈现出稳步增长的良好趋势。

从创投企业数量上看，广东省创投企业数量以上扬的态势快速增加，尤其是2015年在国务院大力推进大众创业万众创新的若干政策支持下，创业投资热情被极大地激发，创投行业异常活跃。尽管2016年受到互联网金融监管升级、战略新兴板搁置等多方面的影响，创投企业增长数量开始回落，但整体而言仍然表现出了较高的增长趋势（见图4－1）。

---

① 广东省创业投资行业发展报告2016编写组．广东省创业投资行业发展报告2016. 广州：暨南大学出版社，2016.

从创业投资项目来看，在2007至2016年间，广东省创投企业投资项目（案例）数从221个增长到2 441个，尤其是2015年和2016年，较2007年增幅达10倍以上（见图4－2）。

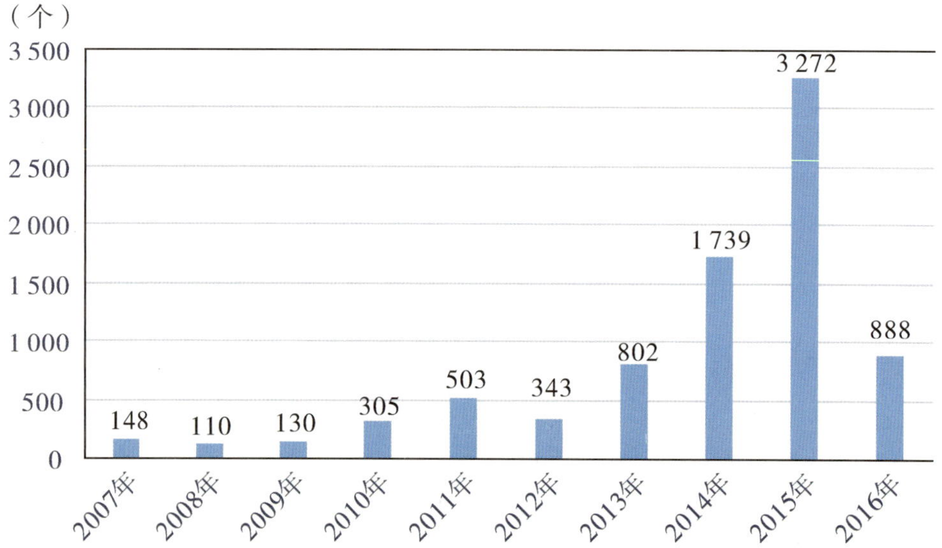

图4－1　2007—2016年广东省创投企业数量增长情况①

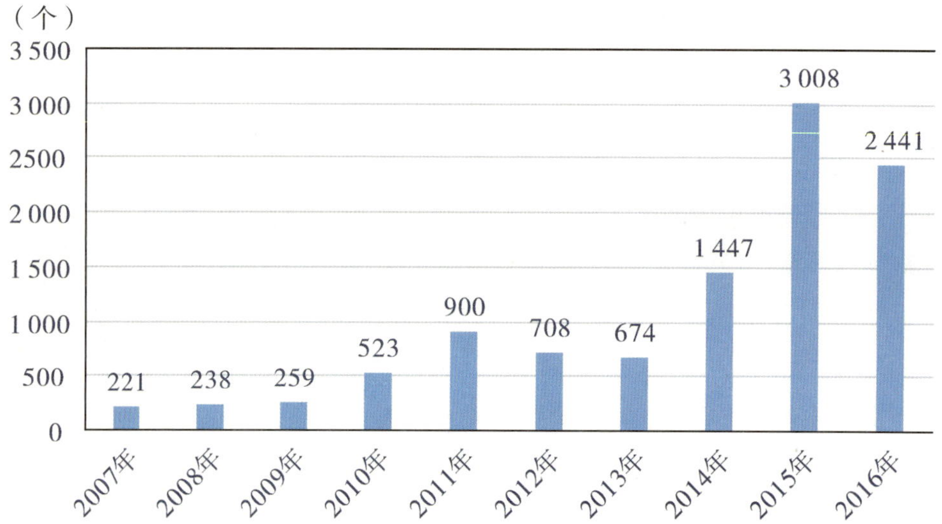

图4－2　广东省创投企业投资项目（案例）增长情况②

① 清科数据库，2017.
② 清科数据库，2017.

（二）广深“双核心”逐步形成

广州市政府近年来大力发展创投市场，政策上出台了《关于加快广州市股权投资市场发展的意见》等多项指导意见，同时安排各项创业投资引导基金促进广州市创投行业发展。2016 年，深圳早期投资的募集金额和投资金额分别占全省的 93.9% 和 66.5%，创业投资的投资案例和投资金额分别占全省的 64.7% 和 66.0%。广州市虽然起步较晚，但增长较快，2016 年创业投资的投资案例和投资金额分别占全省的 24.5% 和 21.2%①。随着广州市创投市场的快速跟进，广州、深圳逐步成为广东省创投市场的双核支撑，呈现带动全省创新发展之势。

从创投企业数量来看，2016 年广东省新增的 888 家创投企业中，广州和深圳分别为 106 家和 670 家，占比共达 87.4%（见表 4－1）。从创投企业投资项目来看，2016 年广东省创投企业投资项目（案例）数为 2 437 起，广州市和深圳市共 2 130 起，占比达 87.4%（见图 4－3）。

表 4－1　2007—2016 广东省各地区创投企业数量增长情况表②

单位：家

年份	广州	深圳	其他地区
2007	29	113	6
2008	10	85	15
2009	23	95	12
2010	57	211	37
2011	93	343	67
2012	57	247	37
2013	95	649	58
2014	255	1 324	160
2015	406	1 588	270
2016	106	670	112

① 广东风险投资报告，2016.

② 清科数据库，2017.

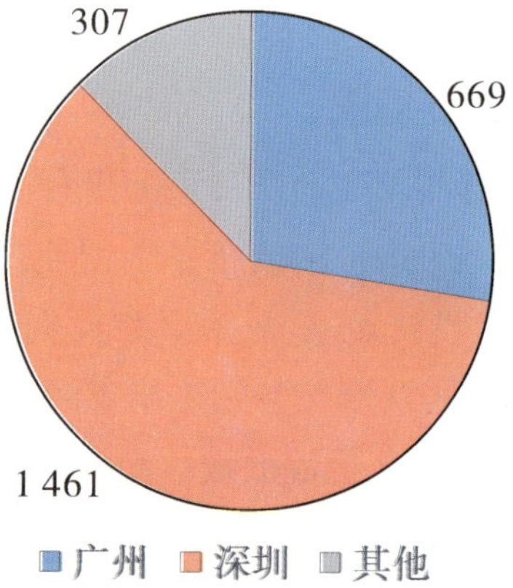

图4－3 2016年广东省创投企业投资项目（案例）数[①]

（三）创投退出渠道多元化

创投退出是创投行业循环的闭环，完善创投退出渠道对广东省创投市场的发展意义重大。2017年广东省人民政府出台了《广东省加快促进创业投资持续健康发展的实施方案》中明确要进一步完善创业投资退出机制，拓宽创业投资退出渠道，加大对创业投资行业的鼓励和引导。

除深圳证券交易所主板、中小板、创业板交易市场外，广东省还建有广州股权交易中心、广东金融高新区股权交易中心和前海股权交易中心三家区域性股权交易市场，广东省创投企业在退出渠道上拥有先天优势。2016年，随着OTC市场的扩容和成熟，创投退出渠道更加完善，为广东省创投行业迎来了更大的发展空间。

二、创业投资资本进入

（一）广东省创业投资资本进入行业分布

2016年，广东省创业投资资本投入主要集中在网络产业、计算机硬件产业、传统制造业、IT服务业、媒体和娱乐业、金融服务业、光电子与光机电一体化、电子商务这八大行业，占当年所投项目数量的72.7%（见表4－2）。在投资额方面，创投企业对于新兴产业的关注度和投入比重较大，网络产业，新能源、高效节能技术，光电子与光机电一体化等新兴产业受到重视（见图4－4）。

① 清科数据库，2017.

表 4-2　广东省创投企业资本进入行业分布数量①

单位：个

类别	2009 年	2010 年	2011 年	2012 年	2013 年	2014 年	2015 年	2016 年
软件产业	8	31	25	31	18	74	121	99
计算机硬件产业	4	3	15	10	10	47	155	113
网络产业	16	35	47	76	111	195	636	423
通信	6	17	18	15	9	5	23	14
IT 服务业	12	9	26	18	20	63	138	132
房地产	4	7	16	6	25	18	56	24
建材	3	10	8	10	4	1	55	19
新材料工业	4	9	9	25	10	17	76	11
新能源、高效节能技术	5	17	22	36	1	25	10	27
消费产品和服务	5	13	9	21	11	32	46	64
媒体和娱乐业	9	15	36	37	53	98	144	153
传统制造业	35	72	109	77	70	87	204	121
农业、渔业	7	10	8	11	4	7	10	7
金融服务业	8	6	14	9	9	66	146	154
汽车产业	1	10	26	10	15	11	32	25
化工产业	10	17	30	24	6	12	38	27
光电子与光机电一体化	33	48	75	66	55	78	111	137
电子商务	2	3	17	17	17	99	224	182

① 清科数据库，2017.

（续上表）

类别	2009年	2010年	2011年	2012年	2013年	2014年	2015年	2016年
咨询	1	3	5	2	2	17	28	22
生物产业	7	5	17	8	28	67	70	44
B2C	7	10	28	13	12	37	38	40
医疗设备服务业	14	14	22	21	20	41	88	95
物流业	1	1	9	2	4	3	27	13
总计	202	365	591	545	514	1 100	2 476	1 946

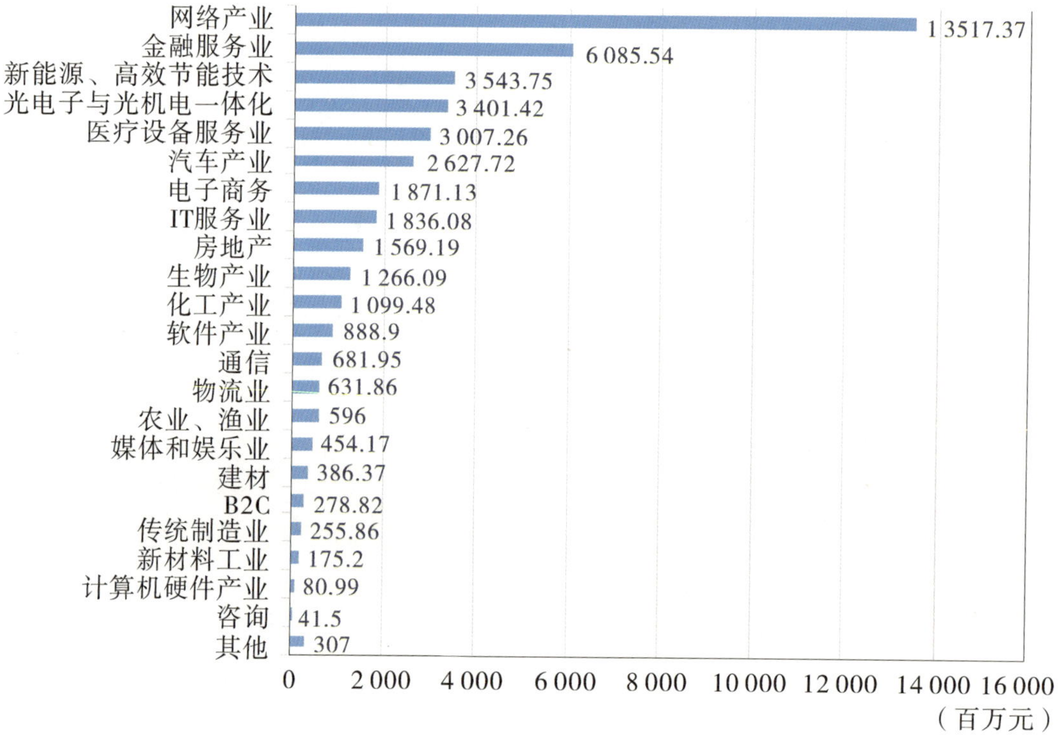

图4-4 广东省创投企业资本进入行业投资额分布①

① 清科数据库，2017.

（二）广东省创业投资资本进入阶段

创业投资资本进入阶段一般分为种子期、初创期、扩张期和成熟期四个阶段。从投资案例来看，2016 年广东省创投企业资本进入初创期和扩张期的案例分别为 254 起和 152 起，占当年总案例数的 70% 以上；投资金额方面，2016 年在成熟期进入的投资量最大，达到 58 亿元以上，平均投资额达 7 717 万元（见表 4-3）。

表 4-3 2016 年广东创业投资市场投资阶段分布①

投资阶段	案例数（起）	比例（%）	案例数（起）	投资金额（百万元）	比例（%）	平均投资额（百万元）
种子期	84	14.6	82	1 039.69	6.1	12.68
初创期	254	44.2	244	5 606.54	32.7	22.98
扩张期	152	26.4	145	4 474.36	26.1	30.86
成熟期	78	13.6	76	5 864.95	34.2	77.17
未披露	7	1.2	5	168.79	1.0	33.76

（三）广东省创业投资资本进入轮次

从投资案例数量来看，2007 年到 2013 年间，广东省创业投资资本更集中于投资 A 轮、B 轮轮次企业，2014 年天使轮投资案例数达到 1 402 起，迎来爆发式增长，2015 年、2016 年逐渐下降，但在量级上维持了较高的水平（见表 4-4）。

表 4-4 广东省创投企业资本进入轮次情况表②

年份	天使轮	A 轮	B 轮	C 轮	C 轮后
2007	16	146	34	12	10
2008	7	155	55	10	9
2009	16	162	51	16	13

① 私募通，2017.

② 清科数据库，2017.

（续上表）

年份	天使轮	A 轮	B 轮	C 轮	C 轮后
2010	27	352	62	23	54
2011	57	544	155	59	70
2012	57	360	195	37	48
2013	94	341	97	59	59
2014	1 402	2 034	645	244	645
2015	861	1 254	360	141	207
2016	541	780	285	103	438

三、创业投资资本退出

创业投资资本退出是企业在发展到一定程度后，创业投资机构通过首次公开募股（IPO 上市）、企业并购、企业回购、协议转让等方式将资本撤出。创业投资极高的风险性决定了其必须具有完善的资本出口，一个顺畅的退出机制是保证资本循环良性运作的基础。

（一）广东省创投资本退出方式

从表 4－5 来看，在 2012 年至 2016 年间，通过 IPO 上市一直是投资机构退出的最主要方式，企业回购和协议转让一直处于较低水平且变化不大。2016 年整体上创投成功退出案例较 2015 年稍有回落但仍保持较高水平。

在投资平均回报上，通过 IPO 上市、企业并购、协议转让方式退出的平均回报率维持在 2 倍左右，通过企业回购的平均回报率维持在 1.2 倍左右（见表 4－5）。值得注意的是，在 2013 年通过企业并购方式退出的金额在当年回报总金额中占比超过 63.8%，通过 IPO 上市退出案例仅 4 起，这可能与 2013 年市场变化有关，因股市波动致使 IPO 暂停，从而引起了 2013 年创投资本退出的异常。

表4－5　2012—2016年广东省创业投资不同退出方式案例分布①

年份	IPO上市	平均回报倍数	企业并购	平均回报倍数	企业回购	平均回报倍数	协议转让	平均回报倍数
2012	75	3.29	14	6.07	12	2.7	28	3.81
2013	4	6.82	82	1.69	47	1.22	26	2.3
2014	59	1.9	185	2.19	44	1.4	76	2.85
2015	146	2.14	112	2.52	49	1.13	72	2.3
2016	135	2.09	68	2.09	16	1.52	56	1.7
合计	419	2.12	461	2.2	168	1.17	258	2.08

（二）广东省创业投资资本退出行业分布

从行业划分来看，2016年广东省创业投资实现项目退出最多的行业依然是制造业。在2016年退出案例数超过七个的行业中，电气机械及器材制造、新材料和其他电子产品达到了最高的平均回报率，这与近年来政府的大力支持密切相关（见表4－6）。

表4－6　2016年广东省创业投资资本退出行业分布表②

行业	案例数（个）	平均回报倍数
IT服务	12	1.63
电机制造	7	1.35
电气机械及器材制造	7	6.1
化工原料生产	9	2.78
环保	7	2.37
其他电气机械及器材制造	14	2.09
其他电子产品	9	3.93
其他机械制造	8	1.59

① 清科数据库，2017.
② 清科数据库，2017.

（续上表）

行业	案例数（个）	平均回报倍数
其他建筑/工程	14	1.79
汽车制造	8	2.13
新材料	10	4.93
中药材及中成药加工业	8	2

（三）广东省创业投资资本退出区域分布

2016年广东省创业投资行业发展势头良好，保持了较快增长。其中深圳市和广州市发展迅速，在创业投资资本退出方面均有明显优势。在其他珠三角城市中，东莞、珠海、佛山、惠州等城市也有一定的发展。广东省创业投资企业退出呈增长趋势，在2015年达到最大值404个，2016年整体有所回落，但广州市创业投资企业退出项目增长10个，显示出了广州市良好的发展状况（见表4－7）。

表4－7　2007—2016广东省各地区创业投资企业退出项目情况表①

单位：个

年份	广州	深圳	其他地区
2007	5	36	2
2008	2	31	0
2009	7	66	0
2010	8	139	1
2011	19	127	4
2012	15	110	4
2013	8	159	8
2014	39	312	18
2015	26	357	21
2016	36	250	12

① 清科数据库，2017.

第五章　广东省科技信贷

作为广东省科技金融“一二三多”特色体系中的“三个体系”的重要组成部分，广东省科技信贷一直保持着良好的发展态势，并在对象拓展、贷款规模、风险控制和服务运作等方面都取得了长足进展，形成了具有广东特色的先进信贷融资模式。

一、科技信贷全省概貌

作为金融手段支持科技成果转化的重要一环，科技信贷备受关注。广东省积极完善政府科技贷款风险补偿资金制度，探索设立科技股权基金，引导银行开展科技企业股权质押贷款业务；用好科技企业信贷风险准备金，引导银行扩大科技信贷；支持金融机构扩大质押物范围；大力发展风险投资和天使投资，引导创业投资资金投向前端，极大地促进了科技信贷规模发展与科技信贷机制建设。

（一）广东省科技信贷规模

广东省科技创新行业和小微企业贷款在政策导向支持下增长较快，为广东省科技信贷的发展提供了强大的内在推动力。2016 年 1 ~ 11 月，科学研究和技术服务行业贷款增速达 62.6%，为科技信贷模式和产品的多样化、前端化提供了理论与技术基础。11 月末，小微企业贷款余额达 1.79 万亿元，增长 12%，比全部企业贷款增速快 6%，占企业贷款余额的 30.3%，比 2015 年同期提高 1.6%；民营企业贷款余额 3.1 万亿元，占企业贷款余额比重达 54.3%①，使得科技信贷的创新有了切实可行的基础。

其中，广州市科技信贷发展表现亮眼。截至 2017 年 6 月 23 日，广州市科技信贷贷款金额已突破 60 亿元，帮助 667 家科技型中小企业获得了贷款，其中，79% 的企业是高新技术企业，35% 的企业是第一次贷款，20% 的企业是新三板企业，纯信用贷款占比 75%，科技信贷规模全国第一②。

① 2016 年 11 月广东货币信贷运行情况 . http：//guangzhou. pbc. gov. cn/guangzhou/129138/20625/index2. html.

② 王桂林 . 2017 年广州市科技金融发展论坛，2017.

（二）广东省科技信贷发展机制建设

近年来，广东省科技信贷的发展为广东省经济注入新活力，并为广东省信用经济结构的升级和完善提供推动力，拓宽了中小微企业的融资渠道，改善了科技型企业的融资环境，探索了企业融资合作新模式。

一是推进建设了省、市两级互联互通的公共信用信息系统。目前，省级以及全省21个地市已基本搭建了信用信息平台和信用网站，覆盖全省的公共信用信息系统基本建成。各地金融机构可以通过省级或当地的公共信用信息平台查询企业的相关信息，为开展信贷业务提供服务。同时注重信用监管，推进建设黑名单制度，通过省公共信用信息平台，核实严重失信企业信息，将其列为重点监管对象，实施跨部门的协同监管和联合惩戒。

二是针对性地开发了广东省中小微企业信用信息和融资对接平台。截至2016年年底，广东省中小微企业信用信息和融资对接平台融资1.8万笔，金额5 080亿元①。此外，中国人民银行征信中心已于2013年年底成功上线运行“中征应收账款融资服务平台”，省金融办以及中国人民银行广州分行积极推进该平台的应用推广工作，引导核心企业加入该平台并为供应链上下游中小企业提供账款确认服务，支持中小企业盘活应收账款融资。截至2016年年底，广东省（深圳除外）辖内累计新增用户3 528个，达成交易4 936笔，交易金额逾2 279亿元，涉及上下游企业54家，累计发生交易132笔，交易金额2.4亿元②。目前，中国人民银行广州分行正指导符合接入条件的保理公司、融资租赁公司等机构接入中国人民银行征信系统，有效防范信用风险，营造良好的信用环境。此外，融资租赁企业和商业保理企业也可通过广东商务诚信公共服务平台（“诚信粤商”）免费查询诚信信息及申请提供信用报告。

三是搭建了“银税互动”活动平台。自2012年开始，广州、佛山、汕头、东莞、江门等市先后试点探索银税合作模式，通过建立银税合作机制，共享区域内纳税信用评价结果，改进小微企业金融服务。对于守信优质小微企业，将优化贷款审批程序，简化贷款手续，提高贷款审批效率，加大信贷支持力度。仅2016一年，“银税互动”项目就累计发放短款金融299.67亿元，惠及企业9 946户，其中小微企业发放贷款

---

① 广东省人民政府金融工作办公室．关于对广东省十二届人大第五次会议第1570号代表建议答复的函（摘要）．http://www.gdjrb.gov.cn/index.php/article/index/id/6423.html.

② 广东省人民政府金融工作办公室．关于对广东省十二届人大第五次会议第1570号代表建议答复的函（摘要）．http://www.gdjrb.gov.cn/index.php/article/index/id/6423.html.

197.98 亿元，占总发放贷款金额的 2/3①。

二、科技信贷融资模式

（一）知识产权质押融资

知识产权质押融资是一种相对新型的融资方式，区别于传统的以不动产作为抵押物向金融机构申请贷款的方式，指企业或个人以合法拥有的专利权、商标权、著作权中的财产权经评估后作为质押物，向银行申请融资，是一种偏向于“银企”合作的信贷模式。

广东是知识产权的大省，广东省的知识产权工作长期位居全国前列，2016 年 9 月广东省专利生产量已超过 35 万件，1 月至 9 月同比增长 48%；发明专利申请量超过 50 万件，同比增长 57%；国际专利申请量同比增长 57%；占全国比重近六成，连续十五年全国排名第一。同时，广东省的知识产权质押融资服务水平也位居全国前列。

广东省知识产权质押融资服务的发展历经了以下几个阶段（见图 5 – 1）：

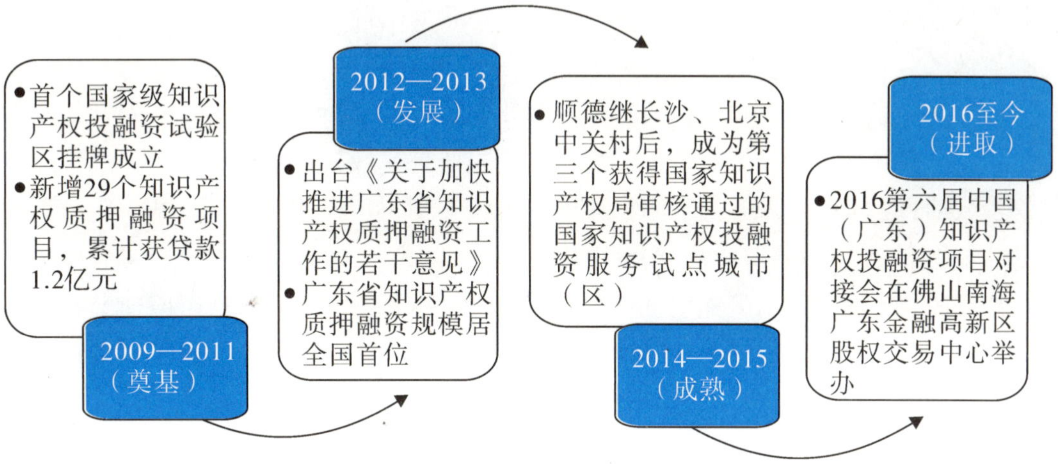

图 5 – 1　广东省知识产权投融资服务的发展阶段

1. 第一阶段：奠基

广东省重视知识产权质押融资，并配合国家知识产权局在广东省前沿城市进行试点工作。2009 年，国家知识产权局开始在广州、东莞、佛山南海等地区建立知识产权

---

① 广东省人民政府金融工作办公室. 关于对广东省十二届人大第五次会议第 1570 号代表建议答复的函（摘要）. http://www.gdjrb.gov.cn/index.php/article/index/id/6423.html.

质押融资试点；2011 年 6 月 15 日，国家知识产权局与佛山市南海区政府签署了国家知识产权投融资综合试验区创建工作协议，首个国家级知识产权投融资试验区正式挂牌成立。

为推进知识产权投融资的发展，自 2011 年起，在国家及省知识产权局的推动下，中国（广东）知识产权投融资项目对接会接连成功举办。众多新材料产业、先进制造业等项目单位与广东省融资再担保有限公司、南方产权交易中心、资产评估等服务机构就知识产权投融资与产业转型升级、价值评估、质押融资风险分担、交易平台等实务操作展开深入交流。实践表明，对接会的连年开展，已有效构建起政府引导、市场运行、社会广泛参与的多方联动的知识产权投融资服务和环境支撑平台，对于知识产权质押融资的发展起到了积极的推动作用。

截至 2011 年 12 月底，广东省有近 150 家企业通过利用近 280 项知识产权质押的方式，获得 5.65 亿元的知识产权质押贷款①。

2. 第二阶段：发展

广东省积极推出有力政策，搭建综合服务平台，促进广东省知识产权质押融资的发展，并取得良好成绩。2012 年 12 月，为加快推进知识产权质押融资工作，实现知识产权市场价值，广东省知识产权局等九个部门联合出台《关于加快推进广东省知识产权质押融资工作的若干意见》（粤知〔2012〕207 号）。

同时，广东省知识产权公共信息综合服务平台于 2012 年 1 月上线试运行。该平台立足于广东省知识产权发展的需求，整合专利、商标、版权、科技文献、标准等各类知识产权信息、人才、服务等资源，致力于建成集知识产权信息查询、知识产权展示交易、知识产权宣传培训、知识产权维权援助等功能于一体的“一站式”综合服务平台，能够满足产业专利信息利用、企业专利信息分析预警、知识产权战略研究等多方面的应用需求。平台的上线运行，为实行知识产权质押融资的对象提供关键的信息来源和后续服务保障。

2013 年，我国全年的专利权质押金额达 254 亿元人民币，其中，广东省贡献了 49.8 亿元的融资金额，占比近 1/5，高居全国首位②。

3. 第三阶段：成熟

广东省各个试点先后通过国家知识产权局审核，并形成了独特的模式。经过三年试点工作，2014 年广东顺德继长沙、北京中关村后，成为第三个获得国家知识产权局审核通过的国家知识产权投融资服务试点城市（区）。试点工作期间，顺德区内，美

① 广东省知识产权局. 统计信息. http://www.gdipo.gov.cn/tjxx/tjxx.aspx.

② 顾奇志，吴瑛. 广东：知识产权运用助推转型升级. 中国知识产权报，2014-06-25.

的、南兴果仁、名健电器、本邦电器、广东东方罐头有限公司五家企业，通过多项商标权质押融资，实现了多达19.5亿元的融资额度。其中，中国银行顺德分行对美的集团采取商标质押的方式，向美的提供可循环使用的商标质押贷款，质押金额为18.5亿元，在2013年可循环使用的商标质押贷款额度约8亿元。该笔商标质押主要为美的电器板块企业在中国银行顺德分行授信提供担保，美的也成为上述五家企业中获益最多的一家顺德企业。除上述五家企业外，一些小型企业如亨达机械厂、成德电路、绿之彩印刷，也实现了专利权质押融资。

在知识产权质押融资实践中，广州市创造了"政府推动，市场主导，银企对接，服务配套"的模式。东莞市着手开展全国性的知识产权质押融资试点工作，同时采取了"多管齐下、共同推进"的实验模式，使得知识产权质押融资工作有条不紊地顺利进行。佛山市在"政府引导、企业参与、市场运作"的机制带领下，构建成"南海模式"的知识产权质押融资方式，发布了一系列引导扶持措施，为企业和银行提供了公共服务平台以让其实现知识产权的对接，引导银行、中介、企业三方用市场化的方式来解决关键的贷款风险控制和处理方面的问题。

2014年，广东省全省专利质押融资额达到46.8亿元。其中，广州市资助专利质押融资企业45家，质押项目59项，投入贷款贴息和评估费补贴542.5万元，获得银行融资贷款11.7亿元；东莞全市知识产权质押融资总额突破4.5亿元；佛山市南海区51家企业成功获得总额为5.74亿元的知识产权质押贷款，质押知识产权累计758件，包括170件专利和588件商标，评估总值超过23亿元[①]。

4. 第四阶段：进取

广东省开始探索融合产学研、保险的知识产权融资新模式。2016年12月23日，第六届中国（广东）知识产权投融资项目对接会在佛山南海广东金融高新区股权交易中心举办。此次对接会以"引导高校、科研院所专利技术转移转化"为主题，共吸引智能信息、能源环保、材料化工、食品生物4个领域，以及60多个来自高校和科研院所的项目参与。过去五届对接会共就46个科技项目与实体企业或投资公司签订合作协议，合作金额达7.88亿元，因此促进高校专利成果转化已成为对接会的重要使命之一。对接会通过加强专利技术的上游供给，与华南理工大学、广东工业大学、广东科技学院、广东轻工职业技术学院、广东环保职业技术学院等院校展开合作，共同推进校内科研成果专利化和专利项目商业化。除了建立健全知识产权风险评价、引导投入、孵化加速、股权退出等机制外，中国人寿保险也将携手广发银行推出"知识产权质押贷款保证保险"产品，包括银行授信、保险补贴、利息补贴等优惠政策，通过政府、

① 李瑞，杨波．知识产权质押融资：广东模式、经验与思考．时代金融，2016（30）：55－57，64.

银行、保险机构三方共同分担创业风险，在一定程度上缓解中小微企业融资难、融资贵的问题，助推本土经济发展转型升级。

（二）投贷联动

投贷联动模式是指商业银行为客户提供信贷支持，PE（私募股权投资）或VC（风险投资）为企业提供股权融资服务，以“股权+债权”的模式，为处于初创期或成长期的科技型中小企业提供融资，旨在通过PE或VC引导银行信贷，建立绿色信贷通道，降低银行信贷风险和成本，形成“风险投资+银行信贷”融资链条，从而加速科技成果资本化、产业化，是一种联合了投资机构的“银企投”合作信贷模式。

中国银行是四大国有银行中唯一的国家投贷联动试点银行。2016年以来，中国银行广东省分行积极落实国家政策安排，在广东省科学技术厅、广东省生产力促进中心、广州市科技创新委员会及各级政府部门的关怀帮助下，创新推出“中银科创企业投贷联动直通车”服务平台，聚集商业银行、投资银行、投资机构，集合社会资本的力量，为中小科技企业提供一站式、一对一的“债权融资+股权融资+资本市场”综合金融服务，至2016年年底已举办22场专题活动，为631家中小科技企业提供服务，较好地解决了中小企业融资难、融资贵的问题。

在广东省投贷联动模式的探索中，佛山市始终走在前列。投贷联动为佛山中小企业提供更多直接融资渠道，是佛山科技金融服务的又一创新。2016年4月12日，“中银中小企业投贷联动直通车”佛山站——新三板企业创新融资撮合会在佛山新城中欧中心举行。中心支持配合中国银行佛山分行、中银国际证券、东莞证券以及东方汇银资本管理有限公司等多家风投机构，对接佛山30多家中小企业，为其登陆新三板提供一站式金融创新服务。

（三）科技型中小企业风险补偿资金池

科技型中小企业风险补偿资金池是政府为更好地支持和服务科技型中小企业发展和科技成果转化，帮助解决科技型中小企业贷款难、弥补银行信贷资金投向科技型中小企业引发的收益风险错配问题，促进科技与金融紧密结合而采用的融资风险补偿方式，是一种以政府公信力和政府官方平台为中间纽带的“政银企”合作的信贷模式（见图5-2）。

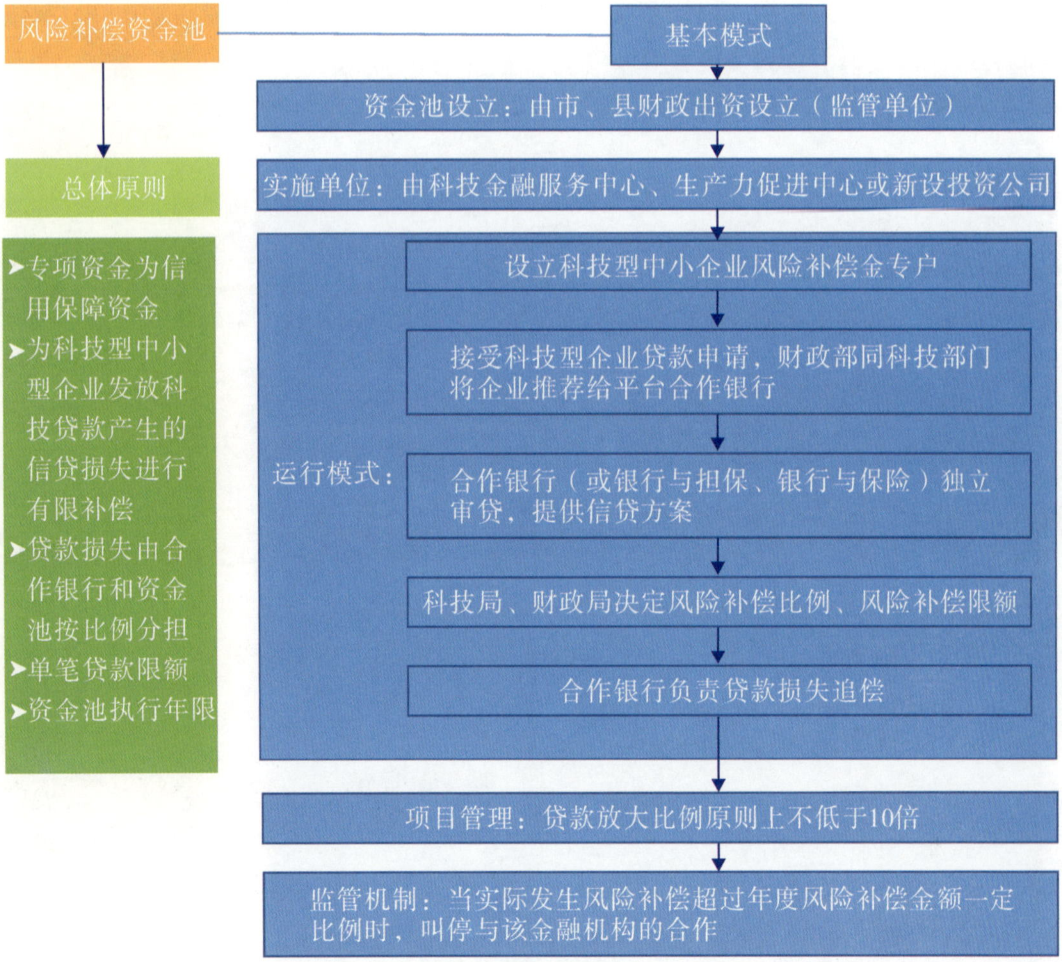

图 5－2　风险补偿资金池基本模式

国内首个科技型中小企业风险补偿资金池在 2006 年成立于成都市，旨在促进科技型中小企业发展，由政府资源带领社会资金流向科技企业。此项措施取得了显著成效。随后，江苏省苏州市、无锡市、徐州市及赣榆县，福建省厦门市、泉州市，辽宁省大连市，以及上海市、天津市也相继采取风险补偿资金池的形式设立专项资金，规模在 1 000 万元至 2 亿元不等，并出台管理细则，进一步明确了风险补偿资金池的运作模式、管理办法等，有效地提高了政府和社会对科技型中小企业的贷款额。

在借鉴其他地区风险补偿资金池运行模式的基础上，2015 年广东省于广州市设立了全国规模最大的科技型中小企业信贷风险补偿资金池——广州市科技型中小企业风险补偿资金池，计划利用财政 4 亿元资金担保的可持续性方式撬动银行 40 亿元资本投向企业，充分发挥财政资金的使用效率。首期投入 4 亿元设立风险补偿资金池，承担科技企业贷款 50% 的风险损失，指定广州市科技金融综合服务中心为资金池管理与运营单位，为科技企业的贷款保驾护航。经过一年半的发展，广州市科技型中小企业风险补偿资金池取得了卓越的成效（见表5－1）。

表5－1 典型地区资金池对比

资金池名称		广州市科技型中小企业风险补偿资金池	苏州工业园区新兴产业融资风险补偿专项资金	成都高新区风险资金池
成立时间		2015年	2009年	2006年
管理单位		广东省科技金融综合服务中心	园区财政局（金融办）、园区中小企业服务中心	成都市生产力促进中心
资金额度		首期4亿元	总额1亿元，首期4 000万元	5 000万元企业债权融资，担保公司和市县资金6 000万元
信贷机制	合作银行	每年为科技贷款累计发放不低于10倍该年风险补偿信用保障额的贷款	每年为科技贷款累计发放不低于10倍该年风险补偿信用保障额的贷款	发放高于10倍该年风险补偿信用保障额的贷款
	贷款额度	不超过2 000万元	单笔贷款不超过1 000万元	单个企业不超过500万元
	贷款期限	不超过2年	不超过2年	不超过2年
风险承担机制	银行+资金池	5:5	2:8	
	银行+担保+资金池		4:4:2	成都市中小企业信用担保有限责任公司、成都高新科技信用担保公司、成都银行三方承担

（续上表）

<table>
<tr><th colspan="2">资金池名称</th><th>广州市科技型中小企业风险补偿资金池</th><th>苏州工业园区新兴产业融资风险补偿专项资金</th><th>成都高新区风险资金池</th></tr>
<tr><td colspan="2">代偿核销机制</td><td>科技信贷风险补偿资金池代偿的贷款本金，合作银行会同服务中心进行追偿，依法追偿费用由合作银行、服务中心按债权比例分担</td><td>贷款实际损失经批准的贷款本金＋合同期贷款利息－担保变现资产（包括但不限于抵押、质押物）－归还贷款本息－已追偿的贷款本息</td><td>担保公司以等额资金补偿银行，并向企业追缴贷款余额和质押物资，余下部分从资金池内提取补足</td></tr>
<tr><td rowspan="3">监管机制</td><td>监管机构</td><td>广州市科创委员会、广州市财政局</td><td>苏州工业园园区财政局（金融办）</td><td>成都市高新区财政局、工信部等</td></tr>
<tr><td>监管方案</td><td>各单位建立信息沟通机制，主管部门委托会计师事务所等中介机构对资金使用和管理情况进行专项审计和检查</td><td rowspan="2">叫停机制——实际发生的风险补偿额超过风险补偿资金年度余额的20%时，相关金融机制应中止该项业务</td><td rowspan="2"></td></tr>
<tr><td>监督考核</td><td>合作银行年度发放风险补偿资金池贷款额度连续两年不达标则取消合作资格；发生代偿的借款企业三年内不能申报各级各类政府财政经费资助项</td></tr>
<tr><td rowspan="2">运行成效</td><td>运行时间</td><td>1.5 年</td><td>6 年</td><td>9 年</td></tr>
<tr><td>成效</td><td>截至 2016 年年底，累计为 418 家企业 496 笔贷款出具贷款确认书，获得银行贷款 42.4 亿元①</td><td>截至 2013 年年底，工业园区融资风险补偿总额已达 4 500 万元，企业可获得的实际贷款总额突破 5.6 亿元，121 家科技型中小企业获益②</td><td>截至 2014 年中旬，高新区风险补偿资金池授信总额达 11 亿元，支持企业 100 家</td></tr>
</table>

① 2016 广州市科技型中小企业信贷风险补偿资金池成果发布会，2017.

② 魏闻彤，邹高峰，张小涛，等．科技型中小企业贷款风险资金池模式分析．重庆理工大学学报（自然科学），2017，31（7）：202－208.

（四）全链条式科技信贷服务

全链条式科技信贷服务是指银行为了配合政府关于促进科技信贷发展的政策，迎合科技型企业贷款需求，针对科技型中小企业发展的各个阶段、各式场景开发的一系列科技信贷产品以及与之配套的服务，是一种充分发挥了银行自主性、创新性的模式（见图5－3）。

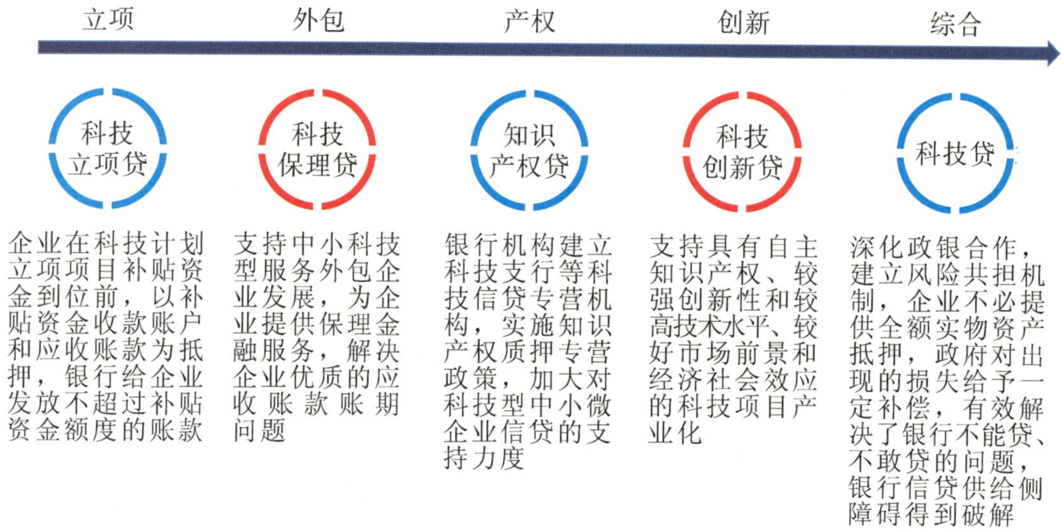

图5－3 全链条式银行科技信贷产品

三、科技信贷专营机构

（一）广东省科技支行

广东省科技支行是为科技型企业提供科技贷款及相关金融服务的银行金融机构的统称，是解决科技型企业融资难的重要机构，在促进科技、金融及产业融合等方面发挥着积极作用。自2010年5月广东省第一家科技支行“平安银行深圳科技支行”正式挂牌成立以来，广东省科技支行发展迅速，到2016年年底，全省科技支行数量已经达到92家[①]。

① 广东金融创新为经济添动力．广东金融网．http：//www. gdjrb. gov. cn/index. php/article/index/id/6386. html.

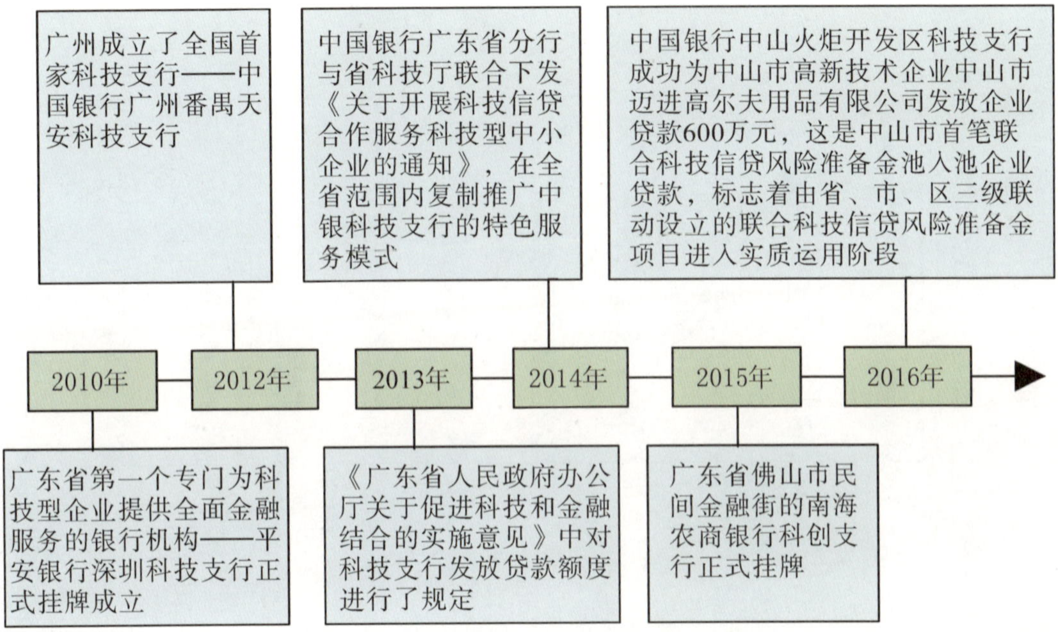

图 5－4　广东省科技支行发展脉络图

2010 年平安银行深圳科技支行成立，成为广东省第一个专门为科技型企业提供全面金融服务的银行机构。中国银行广州番禺天安科技支行于 2012 年成立，成为广东省银行界首家科技贷款专营机构，以其不同于传统贷款的“八项单独机制”，将部分传统模式下无法放贷的企业纳入客户范围，使更多科技型企业得到贷款支持。同年，东莞首家以服务科技型企业为主的支行——东莞银行松山湖科技支行成立。2015 年中国建设银行深圳南山科技支行成立，标志着深圳建设银行将进一步致力于推动金融与科技型企业的良性互动，全力扶持南山区高新技术企业的发展。截至 2016 年年底，中国银行广东省分行已在广州 6 个区和广东省 14 个地市设立 21 家科技支行，为近 1 000 家科技型中小企业提供逾百亿元的授信支持①。

（二）广东省科技小额贷款公司

中国人民银行公布的《2016 年三季度小额贷款公司统计数据报告》显示，截至 2016 年 9 月末，全国共有小额贷款公司 8 741 家，贷款余额 9 293 亿元。其中广东省共有小额贷款公司 436 家，列全国第六（见图 5－5）；从业人数 9 974 人次，年底贷款余额总数 651. 6 亿元，比 2015 年同期增长 11. 39 亿元。

---

① 广东中行发展科技金融扶持科创企业．新华网．http：//www. gd. xinhuanet. com/newscenter/2017 －03/15/c_1120632274. htm.

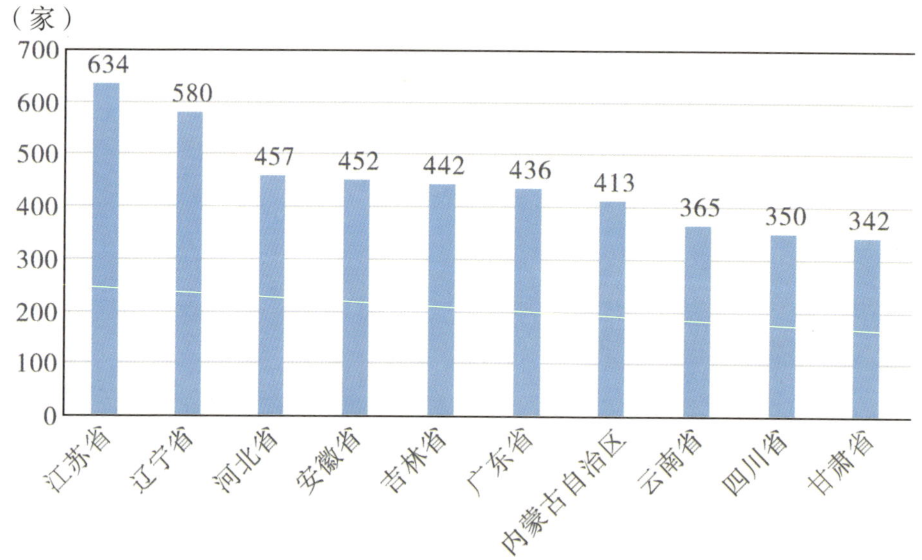

图5-5 2016年9月小额贷款公司数量全国前十省市

近年来，广东省小贷行业经历了前所未有的冲击和挑战，由于小贷公司尚未获得金融机构的资格认定以及受到经济形势下行、部分公司经营不善等主客观因素影响，行业税负高、融资难、退出难的“一高两难”问题仍较为突出，不少小贷公司缩减规模，甚至萌生退意。

2016年12月7日，省金融办印发《关于进一步促进小额贷款公司规范发展的意见》（以下简称《意见》），明确自2017年1月1日起在全省实施。《意见》从落实政策、拓宽渠道、简化程序等方面提出了指导性意见，为今后三年小贷行业持续健康规范发展提供了政策依据。

表5-2 科技小贷公司规范新旧对比分析表

规范内容	粤金融〔2009〕10号文	《意见》	《意见》影响分析
港澳资企业作为小贷公司投资人的条件要求	最近1个会计年度末总资产原则上不少于10亿美元	最近1个会计年度末总资产原则上不少于3 000万美元	鼓励港澳资金进入小贷行业 利：准入范围扩大，资金来源更丰富 弊：对广东省本土小贷公司形成冲击

（续上表）

规范内容	粤金融〔2009〕10号文	《意见》	《意见》影响分析
股东持股比例要求	第一股东及其关联方合计持股比例不超过30%	不设限制	全面放开股东持股比例限制 利：小贷公司资本结构更灵活 弊：加大监管难度
业务范围规定	仅包括小额贷款、融资理财咨询	优质小贷公司可试点投贷联动等股权投资业务，对外股权投资比例最高可达注册资本的20%	拓宽业务范围 利：可为更多企业提供贷款，贷款方式多样化 弊：资金追溯难度加大
申报材料要求	包括法人股东无犯罪证明和营业场所安全证明	取消了法人股东无犯罪证明和营业场所安全证明等材料要求	减少手续材料 利：审批更快捷，公司申报更容易 弊：资金来源审核困难加大
增资扩股规定	公司成立一年以上	不设时间限制	加快公司成长速度 利：公司融资更容易，加快公司发展步伐 弊：监管难度加大

四、科技信贷风险管理

（一）政府设立科技信贷风险准备金

多年来，广东省凭借良好的区位优势、政治优势、经济优势，在科技创新方面综合实力位居全国前列。高新技术产业的蓬勃发展离不开广大科技型中小企业的技术创新。但是科技型中小企业与众多中小企业一样，面临着银行融资难的困境。为了鼓励银行向科技型中小企业提供贷款，广东省科技厅与银行、担保公司等金融机构开展全面合作，引导金融机构加大对科技型中小企业贷款（见图5－6）。

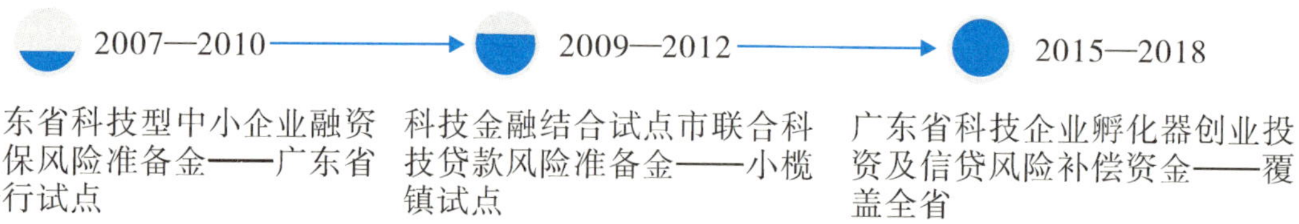

图5－6　广东省政府科技信贷风险准备金发展历程

1. 广东省科技型中小企业融资担保风险准备金

广东省科技型中小企业融资担保风险准备金是广东省科技厅为加强资金监督，提高资金的使用效益，营造和优化广东省自主创新投融资环境，加大对科技型中小企业的融资力度，缓解科技型中小企业融资难的矛盾，进一步推进高新技术产业的发展而设立的。

广东省科技型中小企业融资担保风险准备金成立于2007年，当年9月，广东省科技厅与国家开发银行广东省分行签署了《支持科技型企业自主创新开发性金融合作协议》。根据协议，广东省科技厅向广东省财政厅申请，拨款财政专项资金1亿元设立"广东省科技型中小企业融资担保风险准备金"，以贴补银行的方式与银行、担保机构形成三方风险担保机制，帮助更多的科技型中小企业解决银行融资难问题。国家开发银行广东省分行按照风险准备金1：20的比例，在五年内为广东省科技型中小企业提供180亿元贷款。广东省科技厅择优向国家开发银行广东省分行推荐科技型中小企业，并为其所推荐的企业提供贷款金额5%的风险准备金。换言之，如省科技厅所推荐的科技型中小企业获得贷款后不能如期还贷，那么省科技厅就按照贷款金额的5%，从1亿元风险准备金中拨出并偿付给国家开发银行广东省分行。广东省科技厅择优向国家开发银行广东省分行推荐项目，国家开发银行广东省分行对项目进行独立审贷；如果贷款企业需要担保，广东省科技厅与国家开发银行广东省分行共同选定有实力的担保公司为科技型中小企业贷款提供担保服务。

经过三年发展，广东省科技型中小企业融资担保风险准备金日益成熟。2010年，广东省科技厅先后受理和评审两批共242个科技型中小企业贷款项目，并分两批择优向银行推荐科技项目150个，申贷金额达24.3亿元。国家开发银行广东省分行承诺贷款项目17个，金额3.78亿元[①]。该风险准备金项目于2010年年底结束。全新合作机制的探索与运作，搭建了科技与金融结合的协作平台，在一定程度上缓解科技型中小企业银行融资难的问题。

① 广东省科技厅．广东省科学技术厅领导班子贯彻落实科学发展观分析检查报告，2011.

2. 科技金融结合试点市联合科技贷款风险准备金

科技金融结合试点市联合科技贷款风险准备金是广东省科技厅为了与地级以上市合作，增加风险准备金规模，逐步形成覆盖全省科技型中小企业贷款项目的融资担保网络体系而设立的。广东省科技厅计划在广州、中山、珠海、东莞、佛山五个地级市试点。

2009 年 5 月 12 日，广东省科技厅与中山、珠海、东莞、佛山市政府签署《科技金融结合试点城市项目合同书》，并于 2011 年 10 月率先在中山市小榄镇进行试点工作。根据协议，广东省科技厅与中山市小榄镇政府以 1∶ 4 的比例共同出资 5 000 万元设立联合科技贷款风险准备金，并按贷款本金的 1% 和 4% 分别为中山市科技型中小企业贷款项目计提风险准备金。广东省生产力促进中心受广东省科技厅委托，管理科技贷款风险准备金 1 000 万元，中山市小榄镇政府成立小榄镇科技金融服务中心并委托该中心管理 4 000 万元配套资金，总金额为 5 000 万元。联合科技贷款风险准备金存入中山小榄村镇银行，专款专用，单独列账于小榄镇村镇银行结算账户。同时，小榄村镇银行与镇科技金融服务中心共同推荐项目，村镇银行对所推荐的项目给予贷款优惠利率、审贷优先和增信等支持。省市联合风险准备金按合作银行向科技型企业发放抵押贷款或担保贷款（借助担保或保险机构担保）本金总额的 5% 缴存列于质押账户中，具体划拨流程见图 5 – 7。

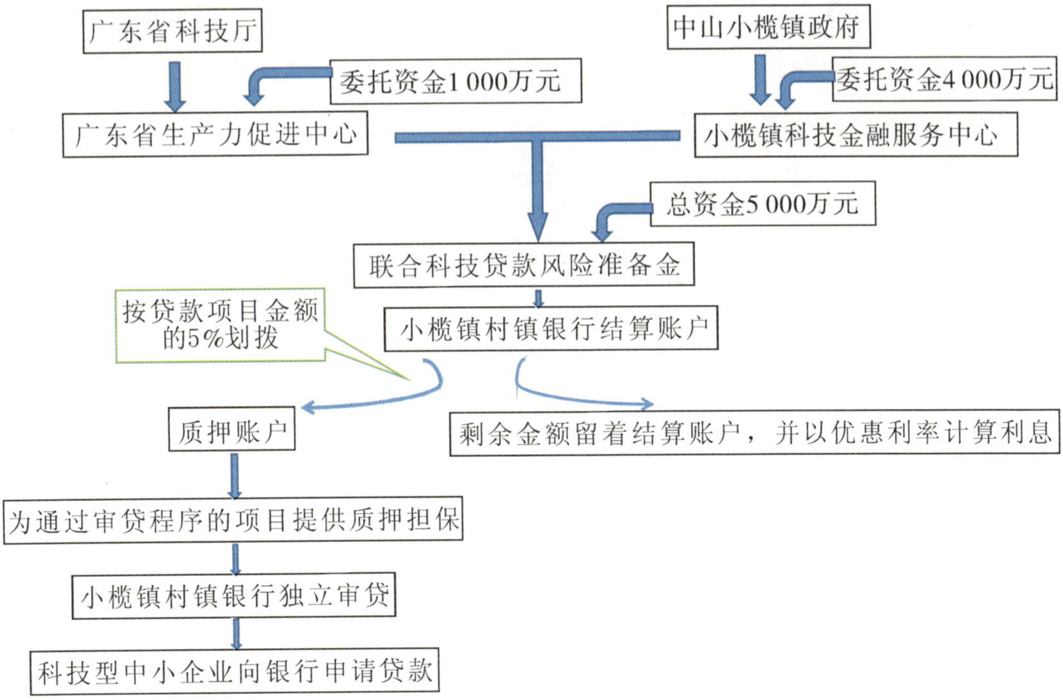

图 5 – 7 省市联合风险准备金划拨流程图

当贷款有逾期情况发生，在小榄村镇银行书面通知担保人履行代偿责任，但担保人未能按合同约定对逾期贷款进行代偿的情况下，经中山市科技局、小榄镇政府、广东省生产力促进中心确认，风险准备金进入代偿程序。换言之，当所推荐的科技型中小企业获得贷款后不能如期还贷，那么广东省科技厅按照贷款金额的1%、小榄镇政府按照贷款金额的4%从总额5 000万元风险准备金中拨出并偿付给中山小榄村镇银行。

当省市联合科技贷款风险准备金履行风险代偿责任后，若政府协助小榄村镇银行追回贷款，扣除追索成本后，按代偿比例计算的风险准备金应当被退回到风险准备金结算专户。

截至2014年年底，广东省生产力促进中心与中山小榄镇科技金融服务中心先后受理与审核并通过了十二批73个科技型中小企业共6.41亿元授信，累计联合风险准备金8 493.23万元，其中广东省科技厅风险准备金1 698.65万元，每批贷款金额稳步增长，累计提供科技贷款风险准备金592.344 5万元，没有任何一个贷款项目遭受损失①，违约率几乎为零。

3. 广东省科技企业孵化器创业投资及信贷风险补偿资金

广东省科技企业孵化器创业投资及信贷风险补偿资金是广东省财政厅、科技厅为了加强对省内科技企业孵化器的扶持力度，鼓励创投机构和社会资本设立创业投资资金投向孵化器内科技型中小微企业，支持金融机构为孵化器内科技型中小微企业提供贷款，促进科技成果转化与产业化而设立的。

广东省科技企业孵化器创业投资及信贷风险补偿资金成立于2015年，当年4月1日开始实行。2015年2月15日广东省科技厅、广东省财政厅印发《关于科技企业孵化器创业投资及信贷风险补偿资金试行细则》。根据细则，在孵化器内创业投资失败的项目，省、市两级财政的创业投资风险补偿资金，将按项目投资损失额的50%给予补偿，其中省财政创业投资风险补偿资金按项目投资损失额的30%给予创业投资机构补偿；当地市财政创业投资风险补偿资金按项目投资损失额的20%给予创业投资机构补偿；如果首次贷款项目出现坏账，坏账项目贷款本金将由银行、省、市财政三方分担全部损失，其中银行按坏账项目贷款本金10%分担损失，省财政和当地市财政信贷风险补偿资金分别按坏账项目贷款本金的50%和40%分担损失。省财政对单个项目的风险补偿或本金损失补偿金额不超过200万元。当地市财政对单个项目的风险补偿或本金损失补偿金额可以根据实际情况设立上限。

细则和办法中的政策涉及科技企业孵化器的融资和管理，有效期为三年，即至

① 张莹. 中山小榄镇科技金融风险准备金问题分析. 广东科技，2015，24（16）：11－12，21.

2018 年 4 月 1 日截止。该补偿资金尚在运行，两年多来为广东省科技企业孵化器的发展创造了良好的条件，促进了科技型中小企业的健康成长，为广东省科技金融的发展提供了强大的推动力。

（二）银行创新信贷风险管理方式

近年来，广东省的科技信贷总量快速增长，结构持续优化，与此同时，各种潜在的金融风险也随之而来。随着商业银行间的竞争日益激烈，金融体制改革不断深入，如何推进科技信贷均衡增长，合理配置科技信贷资源和有效防范科技信贷风险，已成为各商业银行经营策略的重中之重。

构建银行科技信贷风险监控平台是为了实现银行科技信贷业务全面、有效的监测和分析，着实提升其风险管理能力。由于关联企业关系复杂，资金对倒现象严重，如何监督科技型中小企业贷款的使用，如何掌握第一、二还款的来源，监督科技信贷资金流向、监督科技型中小企业是否按合同规定使用贷款，监控科技型中小企业关联状况，实现客户迅速准确的综合评价等，均成为商业银行科技信贷管理的重要工作。在贷后作业监督工作方面，为加强对银行科技信贷作业的监督管理力度、提高科技信贷作业监督的管理效率、降低管理成本，实行对辖内科技信贷档案的集中上收和统一监督管理。与此同时，在科技信贷业务贷后管理过程中，因为发展时间尚短，存在监测、监督、统计、分析手段缺乏，管理难，违约贷款和不良贷款等信息不易更新、数据无法共享，管理工作、数据分析工作量大、效率低等难题。通过平台实现对档案移交的情况、差错发生以及整改的情况进行及时、全面的监测，对超过警戒线的业务发出预警信息，使科技信贷管理的工作得到加强。

平台为银行的科技型中小企业贷款资金使用和客户在银行资金流进行实时监测和分析，法人客户贷后监督、管理，法人客户信贷业务事前、事后监督和档案集中管理，以及科技信贷业务贷后监测、监督、统计、分析等核心业务提供全方位的信息化支持，着实有效地提升了银行应对科技信贷风险的能力。

（三）科技保险分担企业信贷风险

2016 年上半年广东保险业发展态势良好，广东实现保费收入 1 751.9 亿元，占全国保费总量的 9.3%。广东保监局已在广州、佛山、东莞、中山、江门、珠海等地开展科技保险试点。2016 年上半年，广东科技保险为科技企业提供风险保障 435 亿元，首套重大技术装备保险提供风险保障 66.2 亿元①。长期的良性发展，使广东省科技保

① 中国保监会广东监管局．统计数据．http：//guangdong.circ.gov.cn/web/site15/tab895/.

险形成了完善的体系，开发出了符合广东客观情况的创新产品。

1. 知识产权保险

知识产权保险是对知识产权价值有效运用的创新尝试，是一项促进科技和金融资源相融合的创新型工作。2017 年 4 月 11 日，中国人民财产保险股份有限公司与广东省签署《知识产权保险服务合作协议》，进一步推动“知识产权质押融资保证保险”等科技保险服务，创新性地引入“政银保”模式，从而研发推出的专利质押融资保证保险产品，率先在广东省中山市实现业务的落地，形成具有复制和推广价值的专利质押保险“中山模式”。这标志着知识产权保险从风险保障产品升级为综合金融服务产品，进一步完善服务科技创新创业企业的保险产品体系。

知识产权保险“中山模式”采取政府主导、风险共担和市场化运作的实施方式，通过风险资金池撬动合作银行贷款投放量并承担项目开展过程中的风险，实行“政府+保险+银行+评估公司”风险共担的融资模式，开启了保险助力贷款的新模式，实现了更加科学、合理的评估专利价值，贷款便利，融资成本低，为探索解决科技型中小企业融资难、融资贵的问题提供新模式。

2. 发明专利授权保险

发明专利授权保险服务于专利“申请后授权前”这一时机，是专利全生命周期保险服务的重要环节，有利于推动专利提质增量、降低专利创造及维权成本、提高创新积极性，有利于推动专利代理机构创新服务模式、提高服务水平和服务能力，有利于促进知识产权与金融资源结合、保障专利价值的实现。广东省专利代理机构和分支机构共计超过 320 家，全省发明专利申请受理量 2015 年已突破 10 万件[①]，为发明专利授权保险提供了广阔的市场前景。发明专利授权保险是广东省加快引领型知识产权强省建设的大胆尝试，具有较强的现实意义和经济意义。

---

① 广东省知识产权局. 统计信息. http://www.gdipo.gov.cn/tjxx/tjxx.aspx.

第六章　广东省多层次资本市场

多层次资本市场是广东省科技金融“一二三多”特色体系中“三个体系”的重要组成部分。2016年，作为“十三五”规划的开局之年，广东省在发展多层次资本市场方面不断突破，不仅鼓励企业登陆主板、创业板、新三板等主流资本市场，还着力打造省内三大区域性股权交易市场（简称OTC市场），形成了科技企业挂牌场内交易市场——主板、二板（即中小板、创业板），和场外交易市场——新三板（全国中小企业股份转让系统）、四板（区域性股权交易市场）的“正三角”架构多层次资本市场体系（见图6-1），提高了科技企业融资和创新的能力，促进了科技和金融的深度融合，有力支撑着广东省高新技术企业的持续扩张。

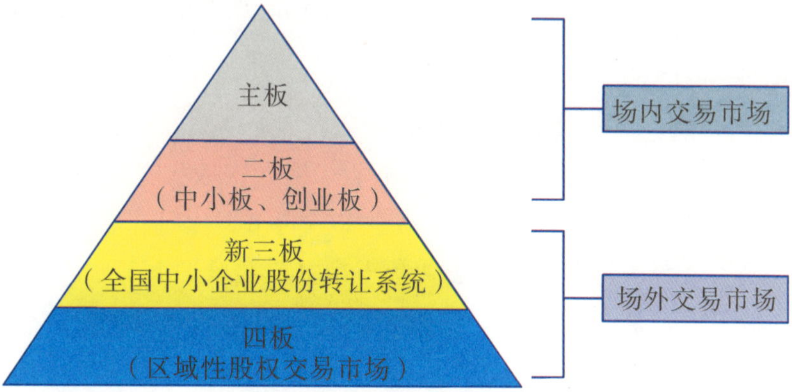

图6-1　多层次资本市场体系的“正三角”架构①

一、场内交易市场

（一）场内交易市场融资概况

场内交易市场包括主板市场和二板市场，2013年以来，广东省上市公司数量逐年增长，2017年上半年，随着证监会新股发行审核加快，广东企业IPO的数量也迅速增

---

① 周雪飞．产权市场：多层次资本市场体系中不可或缺的基础性服务市场与坚实基座．产权导刊，2014（11）：49-52.

加，新增上市公司数突破历年最高水平。2017 年，广东新上市企业中有 66.3% 是战略新兴行业企业，而首发募集资金中有 55.5% 流入战略新兴行业①，体现了广东省政府对以战略性新兴产业为代表的科技革命和产业变革的重视与支持。

此外，从 2012 年开始，广东省上市公司总市值也在不断增长，2015 年总市值达到 36 660.88 亿元。2016 年有所下降，截至年底，总市值为 34 881.65 亿元（见表 6－1）。

表 6－1 2012—2016 年广东省股票市场概况②

年份	上市公司数量（家）	总市值（亿元）	本年累计融资额（亿元）	IPO 融资（亿元）	股权再融资（亿元）	交易所债券市场融资（亿元）
2012	185	10 678.19	463.38	95.14	288.54	79.70
2013	183	12 932.12	353.07	0.00	117.09	235.98
2014	200	19 697.65	659.14	95.05	243.19	320.90
2015	222	36 660.88	2 022.20	87.88	1 053.22	881.10
2016	241	34 881.65	4 481.37	82.65	1 350.07	3 048.65

场内交易市场中，创业板在支持广东省高新技术企业发展方面发挥了重要的积极作用③。同时，对于广东省创业投资体系的建设、多层次股权交易平台的构建以及其他方面的经济改革都有极大的推动作用。截至 2017 年 8 月 1 日，深圳证券交易所创业板共有 664 家公司上市，其中广东省创业板上市企业数量达 152 家，首次超过北京，远超江苏、上海等地，居全国第一（见图 6－2）。

① 上半年广东 IPO 数量创历史新高. http://news.china.com/finance/11155042/20170828/31205500.html.

② 广东证监局.

③ 步国旬，陈君君. 金融支持科技创新的路径及策略研究——以资本市场为例. 金融纵横，2013（4）：19－25.

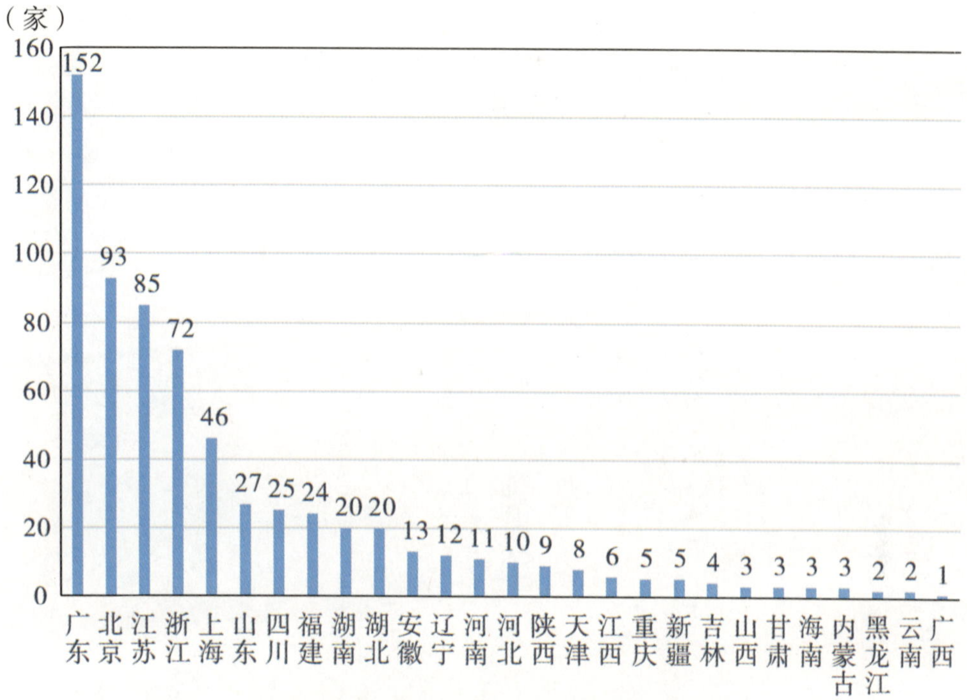

图 6－2 深圳证券交易所创业板上市企业地区分布情况①

（二）场内交易市场上市企业分析

2016 年广东省场内交易市场三大板上市企业数量差异不大，各地市中广州新增上市企业最多。2016 年广东省新增上市企业 22 家，其中，在中小企业板上市的有 7 家，在创业板上市的有 9 家，在主板上市的有 6 家，三大板上市企业数量差异不大。从区域上看，上市企业中广州市有 10 家，占广东省 2016 年新增上市企业数量的 45%，珠海市有 3 家，中山市、汕头市和惠州市各有 2 家，东莞市、肇庆市、潮州市各 1 家。2016 年新增的上市企业大都位于珠三角核心区域，粤东西北仅有 2 家。

在广东省深圳创业板上市的企业所属行业分布广泛，以制造业为主导，另包括农林牧渔、采矿业、水电煤气、建筑业、批发零售、运输仓储、住宿餐饮、信息技术、商务服务、科研服务、公共环保、卫生、文化传播等各个领域。2016 年广东省及全国创业板上市企业行业分布情况见表 6－2。同时，2016 年新增的上市企业中有 17 家属于制造业，2 家属于信息技术，新闻出版业、农副食品加工业、零售业分别只有 1 家。由此可见，2016 年新增的上市企业主要集中于制造业，占总数的 77. 27%。制造型企业仍是上市公司的主力军，服务性行业在资本市场的崛起仍有很长路要走。

① 深圳证券交易所．创业板：上市公司信息．上市公司列表．http：//www. szse. cn/main/chinext/ssgs/ssgslb/.

表6-2 2016年广东省及全国创业板上市企业行业分布情况

	广东（家）	全国（家）	占比（%）
制造业	110	476	23.11
信息技术	29	124	23.37
科研服务	6	14	42.86
建筑业	3	9	33.33
商务服务	3	7	42.86
批发零售	3	7	42.86
农林牧渔	2	7	28.57
水电煤气	1	2	50.00
文化传播	0	12	0.00
公共环保	0	11	0.00
采矿业	0	4	0.00
卫生	0	3	0.00
运输仓储	0	2	0.00

表6-3 2016年广东省新增上市企业情况（除深圳外）①

	证券代码	证券简称	公司中文名称	所属板块	注册地址	所属行业
1	002791.SZ	坚朗五金	广东坚朗五金制品股份有限公司	中小企业板	东莞市塘厦镇	制造业
2	002792.SZ	通宇通讯	广东通宇通讯股份有限公司	中小企业板	中山市火炬开发区	制造业
3	002806.SZ	华锋股份	肇庆华锋电子铝箔股份有限公司	中小企业板	肇庆市端州区	制造业

① 深圳证券交易所．创业板：上市公司信息．上市公司列表．http：//www.szse.cn/main/chinext/ssgs/ssgslb/.

（续上表）

	证券代码	证券简称	公司中文名称	所属板块	注册地址	所属行业
4	002809. SZ	红墙股份	广东红墙新材料股份有限公司	中小企业板	惠州市博罗县石湾镇科技产业园	制造业
5	002832. SZ	比音勒芬	比音勒芬服饰股份有限公司	中小企业板	广州市番禺区	制造业
6	002833. SZ	弘亚数控	广州弘亚数控机械股份有限公司	中小企业板	广州市黄埔区云埔工业区	制造业
7	002836. SZ	新宏泽	广东新宏泽包装股份有限公司	中小企业板	潮州市潮州大道北片工业区	制造业
8	300499. SZ	高澜股份	广州高澜节能技术股份有限公司	创业板	广州市高新技术产业开发区	制造业
9	300503. SZ	昊志机电	广州市昊志机电股份有限公司	创业板	广州市经济技术开发区	制造业
10	300521. SZ	爱司凯	广州市爱司凯科技股份有限公司	创业板	广州市	制造业
11	300526. SZ	中潜股份	中潜股份有限公司	创业板	惠州市惠阳区	制造业
12	300529. SZ	健帆生物	珠海健帆生物科技股份有限公司	创业板	珠海市高新区	制造业
13	300530. SZ	达志科技	广东达志环保科技股份有限公司	创业板	广州市经济技术开发区	制造业
14	300561. SZ	汇金科技	珠海汇金科技股份有限公司	创业板	珠海市	信息技术
15	300562. SZ	乐心医疗	广东乐心医疗电子股份有限公司	创业板	中山市火炬开发区	制造业

（续上表）

	证券代码	证券简称	公司中文名称	所属板块	注册地址	所属行业
16	300586. SZ	美联新材	广东美联新材料股份有限公司	创业板	汕头市	制造业
17	601900. SH	南方传媒	南方出版传媒股份有限公司	主板	广州市越秀区	新闻出版业
18	603322. SH	超讯通信	广东超讯通信技术股份有限公司	主板	广州市天河区	信息技术
19	603336. SH	宏辉果蔬	宏辉果蔬股份有限公司	主板	汕头市龙湖区	农副食品加工业
20	603608. SH	天创时尚	广州天创时尚鞋业股份有限公司	主板	广州市南沙区	皮革、毛皮、羽毛及其制品和制鞋业
21	603861. SH	白云电器	广州白云电器设备股份有限公司	主板	广州市白云区	电气机械及器材制造业
22	600656. SH	*ST 博元	珠海市博元投资股份有限公司	上海主板	珠海市横琴镇	零售业

二、场外交易市场

（一）新三板市场

1. 挂牌企业数居全国首位

新三板市场在支持中小微企业多样化融资、推动中小微企业规范运作等方面发挥了积极作用，成为支撑企业创业创新的重要融资平台。2016 年广东省新三板挂牌企业数量超过北京，挂牌企业达 1 586 家，占全国（10 163 家）总数的 15. 61%，这是首次超过北京，位居全国第一（见表 6 –4），并首次实现主板、创业板、中小板、新三板四大板块总数全国第一；新三板挂牌企业融资金额也名列前茅（见表 6 –5）。

表 6-4 2014—2016 年全国新三板挂牌企业数量及占比①

地区	2014 年		2015 年		2016 年	
	企业数量	占比（%）	企业数量	占比（%）	企业数量	占比（%）
广东	149	9.48	684	13.34	1 586	15.61
北京	362	23.03	763	14.88	1 477	14.53
江苏	171	10.88	651	12.69	1 246	12.26
浙江	69	4.39	410	7.99	901	8.87
上海	166	10.56	440	8.58	890	8.76
山东	98	6.23	336	6.55	570	5.61
湖北	93	5.92	204	3.98	348	3.42
河南	55	3.50	195	3.80	342	3.37
福建	41	2.61	139	2.71	332	3.27
安徽	45	2.86	162	3.16	302	2.97
四川	31	1.97	137	2.67	294	2.89
辽宁	41	2.61	114	2.22	205	2.02
湖南	33	2.10	110	2.14	205	2.02
河北	23	1.46	98	1.91	195	1.92
天津	41	2.61	92	1.79	171	1.68
陕西	22	1.40	64	1.25	141	1.39
江西	13	0.83	62	1.21	135	1.33
重庆	22	1.40	59	1.15	116	1.14
新疆	17	1.08	63	1.23	97	0.95
黑龙江	14	0.89	51	0.99	90	0.89
吉林	7	0.45	41	0.80	78	0.77

① 全国中小企业股份转让系统．全国中小企业股份转让系统 2014/2015/2016 年统计快报．

（续上表）

地区	2014 年		2015 年		2016 年	
	企业数量	占比（%）	企业数量	占比（%）	企业数量	占比（%）
云南	13	0.83	55	1.07	76	0.75
山西	4	0.25	32	0.62	65	0.64
广西	5	0.32	31	0.60	60	0.59
内蒙古	3	0.19	26	0.51	60	0.59
宁夏	14	0.89	36	0.70	54	0.53
贵州	13	0.83	36	0.70	51	0.50
甘肃	3	0.19	17	0.33	31	0.31
海南	3	0.19	16	0.31	30	0.30
西藏			2	0.04	11	0.11
青海	1	0.06	3	0.06	4	0.04
合计	1 572	100	5 129	100	10 163	100

表 6－5　2014—2016 年全国新三板挂牌企业融资金额及次数①

地区	2014 年		2015 年		2016 年	
	金额（万元）	次数	金额（万元）	次数	金额（万元）	次数
北京	817 853.70	92	3 312 345.61	436	3 430 643.09	511
湖北	33 582.07	19	264 204.11	101	228 510.33	86
上海	83 714.09	47	1 035 628.92	259	1 258 354.68	281
天津	17 075.14	12	95 441.56	36	120 608.96	36
贵州	6 505.00	4	72 449.44	14	55 135.73	13
安徽	13 836.42	12	206 927.15	86	512 300.91	93
广东	168 194.72	30	2 936 337.72	382	1 848 844.77	507

① 全国中小企业股份转让系统．全国中小企业股份转让系统 2014/2015/2016 年统计快报．

（续上表）

地区	2014 年		2015 年		2016 年	
	金额（万元）	次数	金额（万元）	次数	金额（万元）	次数
河南	5 150.38	6	383 160.87	112	229 586.13	79
山东	32 181	17	611 947.76	170	463 172.22	156
陕西	250	1	97 481.00	33	241 997.37	37
江西	13 000	1	85 547.85	30	91 932.44	34
江苏	38 782.03	32	1 053 395.45	259	900 905.73	302
浙江	20 282.40	10	484 386.95	160	1 451 066.09	260
湖南	3 559.60	4	133 998.83	59	197 857.89	47
黑龙江	18 490	2	85 693.95	25	63 665.55	22
辽宁	6 785.70	6	116 442.66	46	107 149.38	44
福建	4 475.25	5	212 345.43	88	278 879.35	107
四川	9 785.18	13	123 350.22	63	194 719.40	87
重庆	500	1	78 050.69	22	78 818.56	32
广西			225 211.65	20	88 568.98	14
新疆	3 800	2	95 898.58	19	45 785.80	19
云南	3 100	2	39 615.01	24	84 097.58	24
山西			47 335.14	15	35 118.86	14
宁夏	3 410	3	96 947.33	23	76 071.42	20
海南			57 599.14	12	438 990.55	10
河北	15 295.53	7	129 794.21	43	166 542.16	50
甘肃			34 293.45	11	1 098 534.53	9
吉林	1 250	1	33 761.10	12	39 602.93	22
内蒙古			9 127.18	4	75 544.49	21
西藏			3 000.00	1	5 870.00	3
合计	1 320 858.20	329	12 161 718.99	2 565	13 908 875.88	2 940

2. 广东新三板企业市值 TOP100

2017 年 7 月广东新三板企业市值 TOP100（以下简称“TOP100”）中，创新层 41 家、基础层 59 家、协议转让 71 家、做市转让 29 家。

TOP100 上榜门槛为 10.28 亿元，其中有 3 家企业市值超过 100 亿元，而市值不足 15 亿元、15 亿 ~20 亿元、20 亿 ~ 50 亿元和 50 亿 ~ 100 亿元的企业分别有 42 家、20 家、24 家和 11 家（如图 6 – 3）。

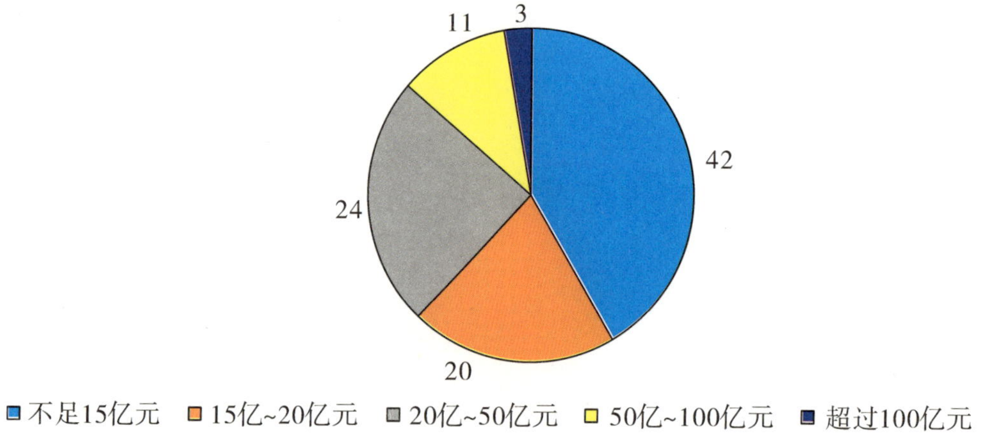

图 6 – 3　2017 年 7 月广东新三板企业市值 TOP100 企业分布情况

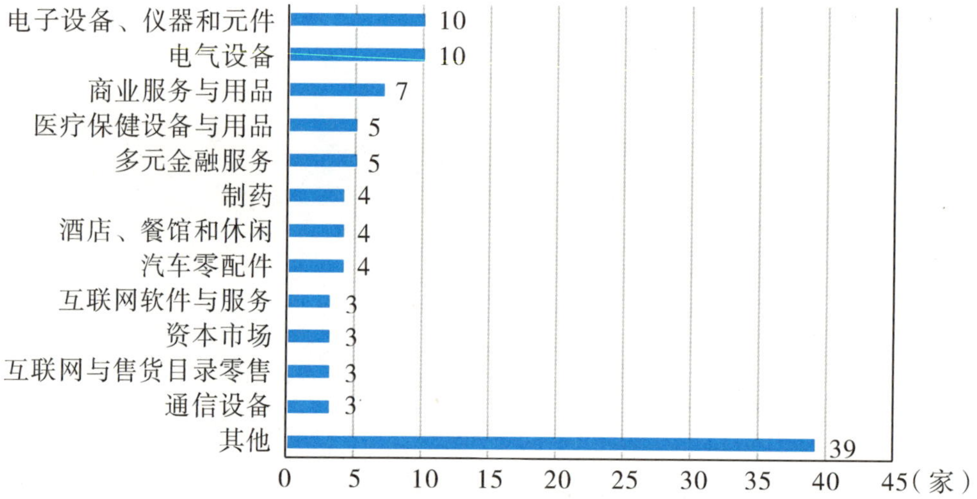

图 6 – 4　2017 年 7 月广东新三板企业市值 TOP100 行业分布情况①

① 东方财富网. 2017 年 7 月广东省新三板企业市值 TOP100.

从行业分布来看，电子设备、仪器和元件以及电气设备行业企业数量最多，均有10家企业，各占比10%；其次是商业服务与用品行业，有7家企业（见图6-4）。

新三板的快速发展极大助力了广东省多层次资本市场的发展。新三板是中小微企业进入资本市场最方便、最快捷、最实惠的融资通道，推动了更多创新能力强的科技企业挂牌新三板。在密集政策推动的背景下，2016年广东省新三板挂牌企业实现了快速增长，不仅提高了公司治理水平、品牌效益，同时也具备了收购资质。目前，新三板已经成为广东省资本市场不可或缺的重要力量。

（二）区域性股权交易市场

1. 广东省三家OTC市场发展各具特色

广东省共有三家区域性股权交易市场——广州股权交易中心、广东金融高新区股权交易中心和前海股权交易中心。在共同培育、分类指导、鼓励创新、错位发展的指导方针引领下，三家OTC市场在市场多样化、针对性服务方面开辟出了各具特色的发展模式（见表6-6），搭建了社会资金与中小企业的对接平台，切实解决了中小企业融资难的问题。

表6-6　广东省区域性股权交易市场基本情况

股权市场	广州股权交易中心	前海股权交易中心	广东金融高新区股权交易中心
成立时间	2012年8月9日	2012年5月15日	2013年10月29日
细分板块	进取板、精选板 成长板、青创板	标准板、孵化板	国资板、旅游板 科技板、华侨板
经营宗旨	无门槛、有台阶 先挂牌、后收费 不唯利、不冒险 同呼吸、共成长	不跨越红线 不复制交易所模式 不向社会溢出风险	服务为主 交易为辅
建设目标	打造在服务覆盖面、服务效率等方面最具竞争力的区域性股权交易市场	打造多方位服务中小企业的综合平台，形成投资者与中小企业“信任、合作、互动、共赢”的网络	打造省级股权、债权及知识产权综合融资平台

（续上表）

股权市场	广州股权交易中心	前海股权交易中心	广东金融高新区股权交易中心
运营特色	实施“无门槛、有台阶”的挂牌企业准入政策；开拓“先挂牌、后收费”的商业模式；实现直接融资和间接融资无缝对接	经营模式“去中介化”，挂牌无行政审批，简单便捷，开创了“天地金信”的乐高模式	突出私募性、个性化的市场特色，对相关金融产品进行创设、估值，实现更加丰富多样的融资服务

2. 广东省三家OTC市场发展成效显著

省金融办提供的数据显示，近年来广东省区域性股权交易中心积极探索，创新发展，OTC市场融资能力不断增强，三家OTC融资超600亿元，平均每家企业融资420万元，超越新三板。截至2016年上半年，三家OTC市场累计注册挂牌、展示企业16 827家，较2015年上半年增长77.13%，实现融资和流转交易总额1 209.58亿元，较2015年上半年增长393.71%，具体数据见表6－7。

表6－7 2016年6月广东三大股权交易中心累计挂牌企业数与累计挂牌融资额①

股权市场	累计挂牌企业数（家）	累计挂牌融资额（亿元）
广州股权交易中心	4 313	262.28
前海股权交易中心	11 303	182.74
广东金融高新区股权交易中心	1 211	764.56

除了建设省内区域性股权交易市场，广东省还继续积极探索向省际寻求合作。目前，广东省已经和广西壮族自治区合作设立了粤桂合作特别试验区股权交易中心；福建、江西、湖南、海南、四川、贵州、云南等省份也表示将以泛珠大会为发展契机，共同推举广东作为牵头省份，签订泛珠区域性股权交易市场战略合作框架协议，并建立泛珠区域性股权交易市场互联网平台，探索投融资资源共享。

① 陈丽．广东区域性股权交易市场发展存在的问题及建议．时代金融，2016（27）．

案例 广东金融高新区股权交易中心

广东金融高新区股权交易中心是广东省区域性股权交易市场的新锐代表，于2013年7月11日挂牌成立，10月29日正式营业，开启了广东省区域性股权交易市场三足鼎立的格局。

中心采取“省市共建、券商主导、市场化运作”的模式，通过构筑省级股权、债权融资平台，提供定向融资、股权质押等多元融资方式与多样化金融产品，为中小微企业和投资者提供融资、交易等全方位服务，力促金科产融合。

2016年，中心坚持“四个一”① 发展特色，搭建科技金融服务平台：

第一，搭建了一个科技板平台。科技板在2014年年底由广东金融高新区股权交易中心和南海区科技局共同成立，为四板市场企业服务提供了一种新模式。其核心是通过整合政策资源、资本资源、产业资源和智力资源，提供股权、债权、股权众筹等全方位金融服务，提升服务科技中小企业的效率，营造合作共赢的金融科技产业聚集圈；帮助科技型企业“零距离”对接资本市场，有效破解融资难、融资贵的问题，通过资本市场为开展直接融资和为资本重组打开了通道。

第二，搭建了一个路演平台。很多初创型的科技企业在融资的同时需要对外展示和对接的机会，股权交易中心针对此需求搭建了路演平台。平台本着全心全意为挂牌企业服务、扶持企业快速进入资本市场、加快企业融资发展步伐的理念，为广东金融高新区股权交易中心挂牌的企业提供高效路演服务，促进双创展示与沟通，捕捉企业投资亮点，迅速对接投资机构，为解决挂牌企业融资难、融资贵的问题再添一条通路。

第三，搭建了一个政策落实平台。针对科技型中小微企业的政策扶持需求，股交中心努力成为政府扶持中小微企业政策落实的平台。经过近三年的工作，已经有上千家科技型小微企业通过创新项对接到政府扶持政策。另外股权交易中心管理了一个国家级孵化器和佛山市的知识产权质押融资风险补偿基金，有助于其更好地成为政府扶持中小微企业政策的落实平台。广东金融高新区股权交易中心作为重要的基础层，使政府的扶持政策、投资机构及各项服务形成聚集效应，可以帮助企业快速成长并对接资本市场。

① 根据广东金融高新区股权交易中心实地调研资料整理。

第四，搭建了一个适合科技型中小微企业的融资平台。提供给科技型企业路演对接的平台，以创新思维为基点，为更多科技型中小微企业探索适合自己的融资产品及进入资本市场提供一条畅通的渠道，帮助其通过资本市场实现腾飞，进而促进产业转型升级，有效促进科技创新和金融资源全面结合。

目前，中心主要服务的企业规模、企业类型、覆盖地域都有较大的拓展。最明显的是挂牌主板的企业，大概80%～90%都能成功融到资金。截至2017年3月底，已有注册挂牌企业2 627家（其中科技型中小企业占比超过50%），其中，注册企业1 970家，主板挂牌企业129家，科技板企业74家，华侨板企业454家，涵盖北京、广州、佛山、中山、肇庆、江门、清远、韶关、阳江、云浮等地市，已实现融资超946亿元，有26家企业经培育后已成功转登新三板。同时，股交中心已有会员单位347户，合格投资者近72万户①。

① 根据广东金融高新区股权交易中心实地调研资料整理。

第七章　广东省科技金融多方联动

目前，广东省科技金融的发展已日趋成熟，建设银行广东省分行、科创咖啡、广东省科技金融促进会和广东省各高校充分发挥各方优势，在科技金融工作中统筹联动，多角度、全方位地开展科技金融活动，为广东省科技金融腾飞添翼。

一、中国建设银行广东省分行

中国建设银行广东省分行（以下简称“广东建行”）自2015年启动科技金融工作以来，在1 200多个网点全覆盖，实现了为小微企业提供全方位科技金融服务的宗旨。截至2017年9月末，各级网点服务中小高新技术企业9 649家，融资支持1 438亿元，服务小微企业3万家，贷款余额1 500亿元，兑现了“建行科技金融、小微企业服务就在企业身边”的承诺。广东建行科技金融大事记见表7－1。

表7－1　中国建设银行广东省分行科技金融大事记

时间	科技金融大事记
2015年6月12日	中国建设银行广东省分行召开科技金融工作会议，标志着全面启动科技金融工作
2015年7月	“Fit粤”科技金融联盟成立并发布《“Fit粤”科技金融综合服务方案》
2016年2月	总行章更生副行长与广州政府签订战略合作协议
2016年5月	首创股权＋债券产品——“投贷联”发布
2016年6月	刘军出席2016清华五道口全球金融论坛——广州峰会并发表演讲
2016年6月6日	中国建设银行科技金融创新中心在广州揭牌
2016年8月3日	王洪章董事长深入东莞高新技术企业调研
2016年8月	中国建设银行广东省分行高新技术企业成长100高端对话论坛在广州举行

（续上表）

时间	科技金融大事记
2016年8月	“Fit粤”科技金融2.0升级版发布
2016年9月	“建现在，见未来”科技金融沙龙（第一期）在广州举办
2016年9月	李洪茂应邀出席广东省科技“四众”促进“双创”工作现场会暨“双创”活动周部署会，并作为银行界唯一代表介绍经验
2016年11月	总行庞秀生副行长在广州出席与广东省国资委、广东省广晟资产经营有限公司市场化债转股框架合作协议签约仪式
2016年11月	在广东省科技金融促进会年会暨2016广东科技金融论坛上，科技金融创新中心获颁“普惠性科技金融专业委员会”机构名牌
2016年11月	积极支持第五届中国创新创业大赛（广东赛区）暨珠江天使杯科技创新创业大赛
2016年11月	“金蜜蜂”创客空间揭牌
2016年12月	李洪茂出席2016年中国科技金融高峰论坛并发表《“Fit粤”科技助“双创”》主题演讲
2016年12月	中国建设银行广东省分行科技金融工作入选广东卫视2016年大事件
2017年1~5月	榜样的力量——2016“Fit粤”科创先锋大赛成功举办
2017年5月	李洪茂出席中国银监会第111场银行业例行新闻发布会，并就科技金融支持广东强省建设等问题，深入阐述了中国建设银行的有效做法
2017年8月4日	“Fit粤”科技金融3.0升级版发布

（一）“Fit粤”科技金融联盟

“Fit粤”科技金融联盟（以下简称“联盟”）作为一个开放的、非营利的科技金融服务组织，于2015年7月由广东建行牵头组建。“Fit”具有三层含义：一是适合，寓意为专为高新技术企业提供专属化、差别化的产品与服务；二是Finance（特指全方位的金融服务方案）+Innovation（突出变革与创新）+Technology（表明服务对象专注于以高新技术企业为代表的科技企业），表示金融与科技深度融合，金融创新服务科技创新；三是“Fit粤”与“飞跃”谐音，代表高新技术企业将在广东建行金融服务的驱动下实现飞跃式发展，助力广东省创新驱动战略①。

联盟利用商业银行、投资银行、基金公司、保险公司、租赁公司等渠道共同制定并推出科技金融综合服务方案，借助政府力量，引入社会资本，以投贷结合的新型模式，满足科技企业从孵化、育成到实现高新技术企业蜕变整个过程中资金融通与人才培养的全方位的金融需求，推动金融与科技良性互动，促进高科技企业的发展和成长。

1. “Fit 粤”科技金融综合服务方案

2015 年 7 月，广东建行提出“Fit 粤”科技金融综合服务方案，服务于中小高新技术企业。为顺应市场变化，截至 2017 年 8 月，该方案已经升级为第三代，其发展进程见图 7－1。

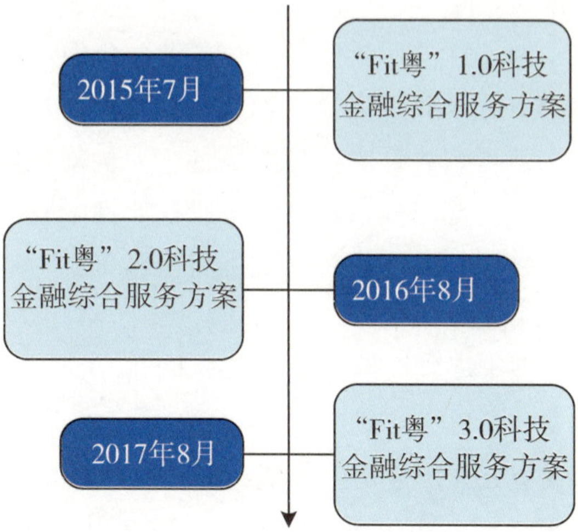

图 7－1 “Fit 粤”科技金融综合服务方案发展进程

（1）“Fit 粤”1.0 科技金融综合服务方案。

2015 年 7 月，“Fit 粤”科技金融联盟成立的同时发布了“Fit 粤”科技金融综合服务方案。其核心为“六融六＋”，从融信、融创、融资、融智、融惠、融通六个维度，打造“政府＋、创业＋、企业＋、资本＋、私享＋、金管＋”六大系列产品与服务，以 12 项具体产品和三大专属渠道构建“Fit 粤”“12·3”体系。比如，“融信”就是依托政府增信，运用科技创投基金和“助保贷”等产品，利用金融工具放大政府财政的杠杆效应，将传统的财政补贴变为市场化运作投资，最大限度扩大政府扶持科技企业的范围。“融创”即是利用互联网手段打造众筹众创平台，运用“科技众筹易”

① 叶青，曾玲燕．建行成立省内首个科技金融联盟 全力打造高科技企业金融服务的专业银行．广东科技，2015（21）：78－80.

和“科技众创易”等产品，将服务延伸至科技小微企业及高校大学生，推动大众创业、万众创新。

（2）“Fit 粤”2.0 科技金融综合服务方案。

2016 年 8 月，在“Fit 粤”1.0 科技金融综合服务方案的基础上，广东建行结合科技创新企业实际需求和市场最新变化进行产品和服务的迭代升级，推出了“Fit 粤”2.0 科技金融综合服务方案。“Fit 粤”2.0 实施 9 项优化服务，新推 13 项创新产品，最终形成 24 项科技专属产品，三大专属服务通道。升级后的方案实现了科技金融在服务对象、服务地域、服务内涵以及资金成本四方面的重大突破：突破服务对象精英化，实现普惠支持无遗漏；突破融资难，实现资金融通无断点；突破服务地域局限性，实现“Fit 粤”服务无国界；突破服务内涵单一性，实现对公与对私的全面联动与综合服务。

“Fit 粤”2.0 科技金融综合服务方案对原方案进行全面优化的同时，着力围绕科技创新企业融资难点、痛点寻求破解之道。通过联合投资公司、保险公司、知识产权评估公司、券商等，广东建行着力打造一站式平台，为科创企业提供优质适用的金融服务，重点增加专属的资金结算服务、企业股东股权质押融资服务、企业高管定制化理财、境外投融资、留学移民、家族信托等个人高端服务，为科技创新企业及其员工提供一揽子金融需求解决方案。

（3）“Fit 粤”3.0 科技金融综合服务方案。

2017 年 8 月，“Fit 粤”科技金融联盟在科技企业资产并购金融论坛上发布“Fit 粤”3.0 科技金融综合服务方案，这是广东建行在充分检视前两年业务推广情况和客户反馈意见后，结合政策导向及市场最新需求对科技金融服务产品做出的迭代升级。20 项专属产品中，10 项是全新产品，10 项是对原有产品的优化，并对三大专属服务通道功能进行扩展。

该服务方案的创新升级可用三个字概括：一是“融”，方案对接政府创新扶持政策，联合境内外金融机构，实现股、债、贷、补、保互联互通，促使资金链、产业链、信息链、服务链四链融合。二是“快”，方案依托互联网 + 大数据应用，创新新型融资产品，将科创企业、企业员工的补贴和结算量有效转化为现金流，助力科创企业便捷、高效融通生产经营所需资金。三是“破”，方案突破传统评价体系，首创“技术流”“能力流”的全新客户评价体系，将专利数量、种类、结构及变化趋势量化为信用评价指标，让“技术流”转化为“资金流”，有效破解科创企业融资难、融资贵的痛点。

2. “技术流” + “能力流”评价体系

“技术流”和“能力流”评价体系于 2016 年 5 月，由广东省科学技术厅、广东建行、广东省金融学院、广东省生产力促进中心联合出台，这是在国内银行业首创的针对科技企业科技创新综合实力的专属评价体系。

（1）“技术流”评价指标。

“技术流”评价指标，旨在考察科研机构和科技企业在科技创新探索、研究、推广、应用过程中所产生的一系列要素的大数据及其研发成果在时间轴上的量化趋势，能够综合反映科技企业技术创新能力与水平。《小微科技企业科技创新综合实力评分卡》上的“技术流”指标细项，从发明专利、实用新型专利、软件著作权的申请产出连贯性、各级竞赛奖励和企业资质认定情况等角度全面评价小微科技企业，以便银行可以科学地了解企业是否有系统性、持续性和社会认同的技术创新研发行为和成果产出。如企业每年都有一定量的发明专利和实用新型专利的申请和授权，甚至某些年份的专利申请量和授权量还有所增长，这就证明它不是偶发性、随机性的创新，而是系统的、有目的的创新。

（2）“能力流”评价指标。

“能力流”评价指标，是指能够针对性地综合反映科技企业以科技创新和相关价值创造为核心的经营能力及水平的各类大数据，包括企业实际控制人的能力、企业上市/上板情况、股权激励情况、企业商标美誉度等，可以帮助银行对科技企业团队综合实力、企业持续经营等综合能力进行科学量化评价。

（3）评价体系效果。

“技术流”＋“能力流”的评价体系打破了银行传统信贷评价模式，把过往“看资金流、看现在”的理念调整为“看技术、看未来”，把科技企业专利权的数据流、科研收入与奖补等反映企业技术创新实力的要素转化为客户评价指标，从而让更多轻资产的科技企业可以进行银行融资，或得到更高额、更低成本的资金支持，成为解锁融资难、融资贵这个“老、大、难”问题的金钥匙。

试点工作启动后，广东省各地市都十分重视，与当地建设银行分支机构紧密联动，全面推进各项试点工作。截至2017年上半年，七个试点地市累计投放804户普惠性科技金融项目，累计投放金额112 446万元，平均单户金额140万元；七个地市普惠性科技金融项目投放“破零”的网点数量达142个；在所有已投放项目（含续贷项目）中，纯新增支持小微科技企业——纯新投放（不含续贷项目）户数占比高达83.46%（见图7－2）；在所有纯投放项目（不含续贷项目）中，小微科技企业亟须的纯信用类贷款（不含房地产抵押、担保公司担保贷款项目）投放户数占比高达78.24%[①]（见图7－3）。

① 广东省科技厅．http：//www.gdstc.gov.cn/.

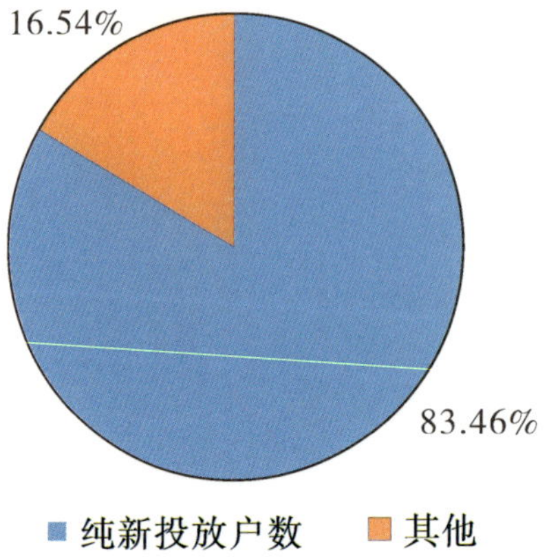

图7－2　纯新投放户数占总投放户数的比率

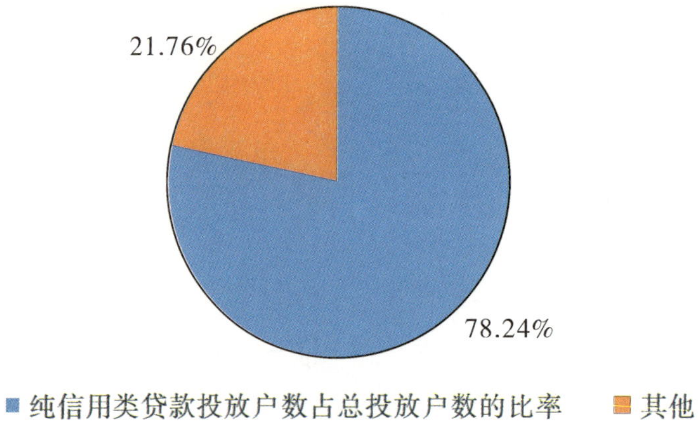

图7－3　纯信用类贷款投放户数占总投放户数的比率

除此之外，普惠性科技金融贷款审批通过率和办理效率更高，普惠性科技金融项目审批通过率为98.5%，在资料齐全的情况下，从受理到成功放款平均仅耗时3~5个工作日；普惠性科技金融贷款使用成本低，所有投放项目的年息平均仅为5.7%，大大低于银行同业年息6.5%的纯信用贷款成本，且所有项目不额外收取保证金，进一步降低了小微科技企业的贷款成本，这对科技型小微企业是十分有利的。

（二）普惠性科技金融试点

1. 试点背景

目前，国内金融行业对贷款申请企业（包括科技企业）的评价体系一直沿用以财务报表为核心的传统办法，其中小微企业融资形成“三品、三表、三流”的差别化特色评价体系。随着科技型小微企业日益成为我国经济的活跃群体，其融资需求也日益增长，若以传统评价标准评价科技型小微企业，容易把优质的高成长性科技型小微企业排除在普惠性金融服务体系之外。因此，设计一套包括科技创新实践、创新能力、创新成果等多维度因素的科技型小微企业专属评价体系成为当务之急。2016 年 5 月，广东省科技厅、中国建设银行广东省分行、广东省金融学院、广东省生产力促进中心联合开展普惠性科技金融课题研究，研究出台了适用于金融机构的《小微科技企业科技创新综合实力评分卡》，提出更加全面、精准地反映科技企业特征水平的各项指标，具有数据来源可获取性强、评分相对客观、适合商业银行一线网点和营销服务人员操作的特点，有利于解决科技型小微企业融资难问题。

2. 试点思路

在大众创业、万众创新的背景下，针对商业银行传统信用评价体系无法适应科技型小微企业日益增长的融资需求的现象，2017 年 1 月，广东省科技厅印发了《关于开展普惠性科技金融的若干意见》和《关于开展普惠性科技金融试点工作的通知》，联合广东建行在广州市、珠海市、汕头市、佛山市、东莞市、湛江市、清远市开展普惠性科技金融试点工作。

（1）加强平台对接，夯实普惠性科技金融工作基础。

依托广东建行在七个地市 615 个小微科技企业融资业务营业网点，形成普惠性科技金融试点工作服务网络。各营业网点全面开展普惠性科技金融服务，至少确定一名普惠性科技金融服务专员，做到普惠性科技金融服务“点点通”。

（2）创新审贷体系，扩大普惠性科技金融受益群体。

推广应用以“技术流” + “能力流”为核心的科技企业科技创新综合能力专属评价体系，使用《小微科技企业科技创新综合实力评分卡》，进一步降低科技企业融资准入门槛，科学提高融资金额并配套给予差别化价格优惠，有针对性地建立差别化审批授权体系。鼓励广东建行建立普惠性科技金融绿色审批通道，凡是普惠性科技金融的项目均限时办理、限时投放。

（3）强化风险分担，加大普惠性科技金融政策支持力度。

试点地市加大财政科技投入力度，设立风险补偿资金池，完善科技风险补偿机制，扩大科技信用贷款覆盖面，引导银行扩大贷款规模，各地市试点工作具体进程见表7－2。

表7－2 各地市试点工作具体进程

地市	进程		
	加强平台对接，夯实普惠性科技金融工作基础	创新审贷体系，扩大普惠性科技金融受益群体	强化风险分担，加大普惠性科技金融政策支持力度
广州市	广州市科技金融服务中心将《小微科技企业科技创新综合实力评分卡》《企业基本信息表》与广州市科技型中小企业信贷风险资金池备案企业库对接，为所有入库企业提供信贷支持	广州市有超过10万家科技型企业可以入选普惠性科技金融项目。实行信贷风险尽职免责制度，解决银行客户经理及相关人员的后顾之忧，充分调动营销服务人员的积极性	广州市扩大科技信贷风险资金池规模，从2017年开始，每年新增1亿元引导扩大银行贷款规模，力争到2017年底支持企业1 500家以上、信用贷款规模50亿元以上
东莞市	东莞市以6 000多家科技创新企业大数据库作为资源共享着力点，向广东建行推送符合条件的科技企业名单，由中国建设银行东莞市分行为企业提供上门的“一站式”服务，开通绿色通道限时办理	东莞市有45个网点开展普惠性科技金融项目投放，“破零率”达46.9%，位居试点地市第一	东莞市财政投入1 500万元，连同广东省科技金融资金，形成2 000万元的普惠性科技金融信贷风险补偿资金池

（续上表）

地市	进程		
	加强平台对接，夯实普惠性科技金融工作基础	创新审贷体系，扩大普惠性科技金融受益群体	强化风险分担，加大普惠性科技金融政策支持力度
湛江市	湛江市新成立粤西科技金融服务中心，与原来的湛江市科技金融服务中心形成“一体两翼”的发展格局。其中，粤西科技金融服务中心开展创业投资对接活动，为青年大学生创客、中小微企业与银行对接，开展投贷联动，提供银企对接服务		湛江市设立总额为1 000万元的信贷风险补偿专项资金
汕头市		汕头市非轻型网点50个，网点“破零”9个，“破零率”18%，累计投放金额1 938万元，在粤东、西、北试点地市中位居第一	汕头市拟在科技金融资金中安排500万元，作为小微科技企业贷款风险补偿的专项资金
清远市			清远市政府出台《清远市联合科技信贷试点方案》，融资担保资金池初始额为2 000万元

3. 试点配套服务

（1）成立试点工作领导小组和试点工作联合推动小组。

成立以广东省科技厅分管领导、广东建行分管领导为组长，以广东省科技厅规划财务处、广东省生产力促进中心、粤科金融集团、广东建行相关部门负责人为成员的试点工作领导小组，统筹指导全省普惠性科技金融试点工作。

在七个试点地区，当地科技厅与建设银行成立联合推动小组。各试点城市的科创委/科技厅选派一名分管科技金融的副局长，副局长和试点城市对应的建设银行二级分行分管科技金融副行长，分别作为各方牵头组长，组成联合推动小组，共同推进试点工作开展。

（2）省市区三级联动，形成服务网络。

广东省科技金融综合服务中心及七个试点地市科技金融综合服务分中心积极配合开展试点工作，提供数据、宣传、推广等服务，广东建行以已设立的科技金融组织体系为基础，开展普惠性科技金融试点工作的具体考核、推动和落实。

（3）实行风险免责制，调动积极性。

广东建行对办理普惠性科技金融业务的客户经理及相关人员实施信贷风险尽职免责政策，有效解决其后顾之忧，积极开展普惠性科技金融服务。

案例 普惠性科技金融试点成功案例

1. 东莞科视自动化科技有限公司

东莞科视自动化科技有限公司是专攻机械视觉光源的科技创新企业，实际控制人王华为华南理工大学光学专业博士。在广东建行普惠性科技金融试点项目推行之前，该企业因典型的“轻资产”特点吃了很多银行的闭门羹，深陷融资窘境。试点实施之后，广东建行认真分析该公司的“技术流”报表及工业光学检测行业的整体技术前景，以企业拥有的5项核心发明专利作为质押物，无须其他抵押、担保条件，向企业发放了260万元的纯专利质押贷款，公司得以顺畅运营，最终推出了打破日、德公司对工业机械视觉检测光源的垄断的产品。

2. 广州某科技有限公司

该公司是一家成立三年的小微科技企业，资金流尚不十分充沛，多次寻求银行融资没有成功。实施普惠性科技金融试点工作后，广东建行按照“技术流”评价标准来审视这家企业：自成立三年以来，已经获得1项发明授权、5项发明公布、20项实用新型和9项软件著作权，而且每年都有技术产出，体现为源源不断的“技术流”；企业实际控制人为某知名大学硕士毕业生，有在多家大型跨国企业进行技术研发的经验和科技企业运行经验，有优秀的研发团队、政府的补贴，有一套研发标准，配有实验室，创新实力较强，市场前景良好，企业信用记录良好。经过对企业的综合经营实力与“技术流”数据反映的科技创新实力进行综合评价，虽然企业的资金流暂时不高，广东建行仍然向该企业投放了134万纯信用“技术流”配套融资。

（三）科技金融创新中心

2016年6月16日，国内首家大型商业银行总行级科技金融创新中心——中国建设银行科技金融创新中心在广州正式挂牌成立。该中心目标在于打造服务科技创新企业的专业银行。中心依托建设银行集团优势及合作伙伴等资源，重点开展科技金融产品研发试点、科技企业信用评价体系建设及科技产业研究分析等工作，为更多的科技创新企业提供低成本、专业化、全方位的金融产品与服务，倾力打造科技金融产品创新孵化平台、科技金融联盟交流平台以及创新创业服务平台，整合多方资源，全方位服务科技创新。

1. 运作模式

科技金融创新中心发挥内联外拓的作用。内联即通过总分机构的纵向联合和集团境内外分公司的横向联动，争取相应政策和资源，制定差别化的信用、风险评价体系以及绿色审贷通道，针对科技创新企业高风险、高成长性的特点，加快推进知识产权质押、非上市股权质押、投贷联动等创新融资模式试点建设，切实缓解科技创新企业融资难、融资贵的问题，持续为高科技企业“输送血液”，有力支持国家创新驱动战略实施。外拓即以总行级高规格平台，依托广东省优厚的科技创新市场，与广东省各级政府、高新技术产业园区、孵化器、供应链核心企业等开展总对总合作，并引入风险投资、创业投资、产学研单位、股权交易中心、知识产权评估公司等专业机构，发挥各自长板效应，围绕科技型、创新型企业在不同发展阶段的经营特点与发展需求，联合整合各方优势资源，量身定制金融和非金融服务模式，协助产业链条企业的对接、整合，引导龙头企业与上市公司实施产业并购，有效探索推进科技与金融融合模式，全力打造“科技金融，首选建行”的效应。

2. 主要工作成效

（1）主要业务指标成倍增长，实现跨越式发展。

中心成立一年来，主要业务指标爆发式增长，业务推动作用显著，实现跨越式发展。

第一，存、贷客户均呈倍数增长。截至2017年5月31日，与广东建行建立业务合作的高新技术企业已达8 019户，比中心成立前（2016年6月16日）新增3 960户，增长约97.6%，见图7－4。高新技术企业授信客户3 045户，比中心成立前新增2 113户，增长约227%，见图7－5；其中小微企业授信客户2 189户，约占全部授信客户总量的72%，见图7－6。

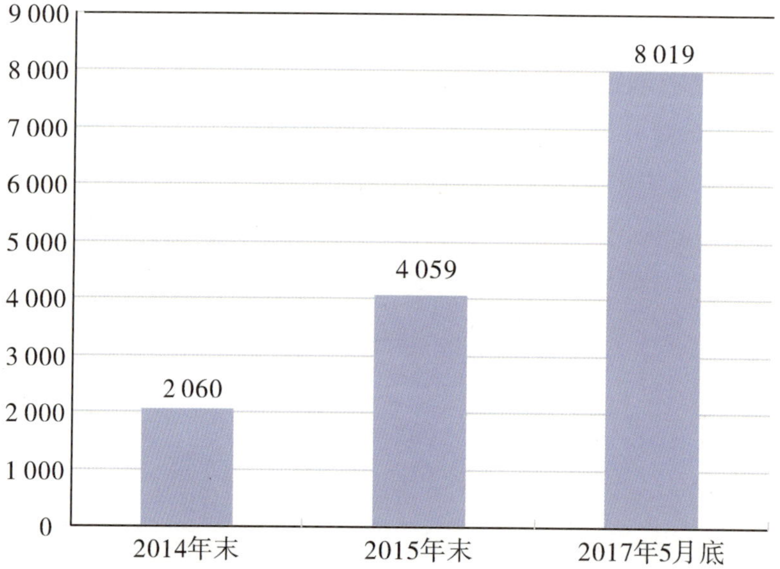

图7－4　与中国建设银行广东省分行合作的高新技术企业户数[①]

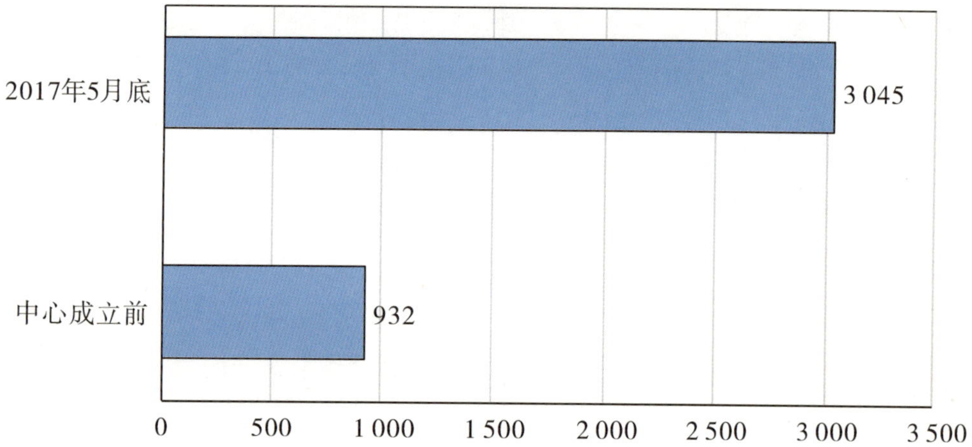

图7－5　高新技术企业授信户数

① 数据来源：中国建设银行广东省分行。

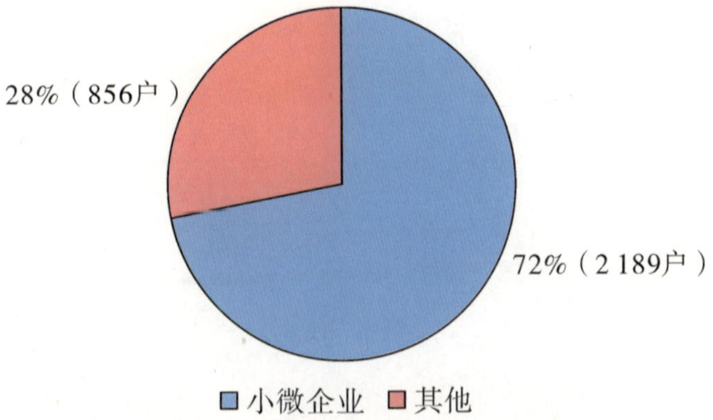

图7－6 小微企业授信户数占比

第二，时点、日均企业存款均增百亿元。截至 2017 年 5 月 31 日，高新技术企业时点存款 232. 37 亿元，比中心成立前新增 111. 45 亿元，增幅约 92%；日均存款 234 亿元，比中心成立前新增 103. 29 亿元，增幅 79%，见图 7－7。

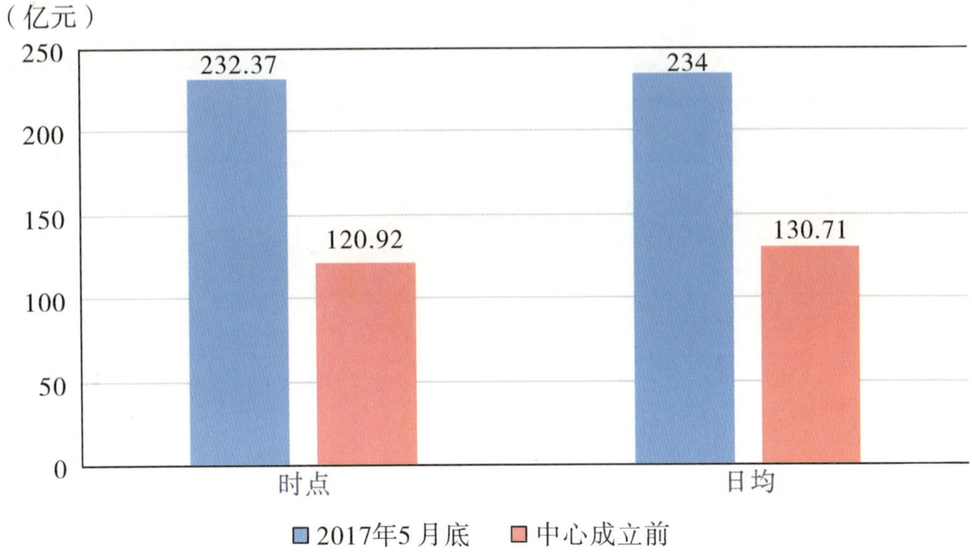

图7－7 高新技术企业存款增长量

第三，资产业务余额增长近十亿元。截至 2017 年 5 月 31 日，高新技术企业资产业务余额达 1 344 亿元，比中心成立前新增 981 亿元，增长 270%，见图 7－8；其中表内贷款余额 405 亿元，比中心成立前新增 258 亿元，增长约 176%。高新技术企业中的制造业客户时点贷款余额 370 亿元，比中心成立前增长 236 亿元，分别占同期全分行制造业企业贷款余额和增长额的 46% 和 147%，成功实现对高端制造业的结构转型和优化，有力支持实体经济发展和供给侧改革的实施。

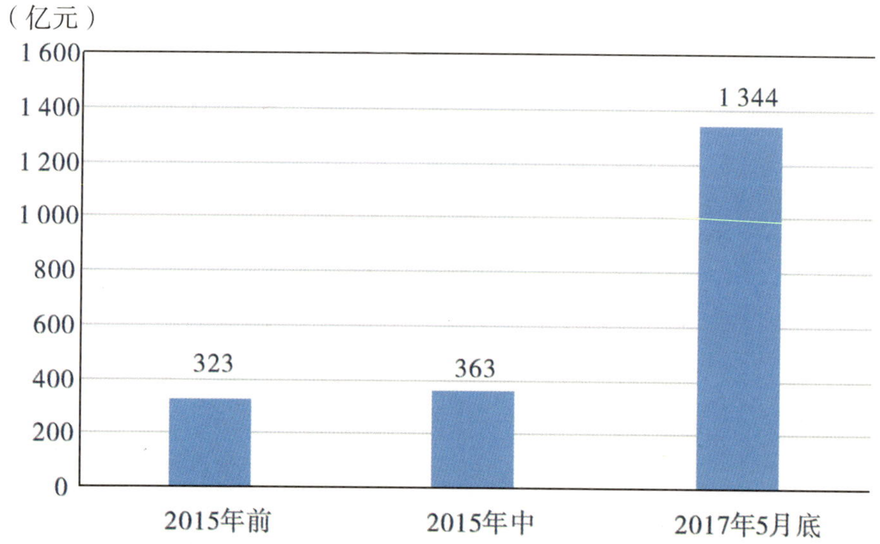

图7－8　高新技术企业资产业务余额增长量

第四，信贷客户占比翻番，资产质量保持优良。截至2017年5月31日，高新技术企业信贷客户数在全分行对公信贷客户数中的占比由中心成立前的8%提高至15%，占比提升近一倍，见图7－9。同时，高新技术企业贷款不良率仅为0.3%，比省分行对公贷款平均不良率低1.8百分点，资产质量持续保持良好。

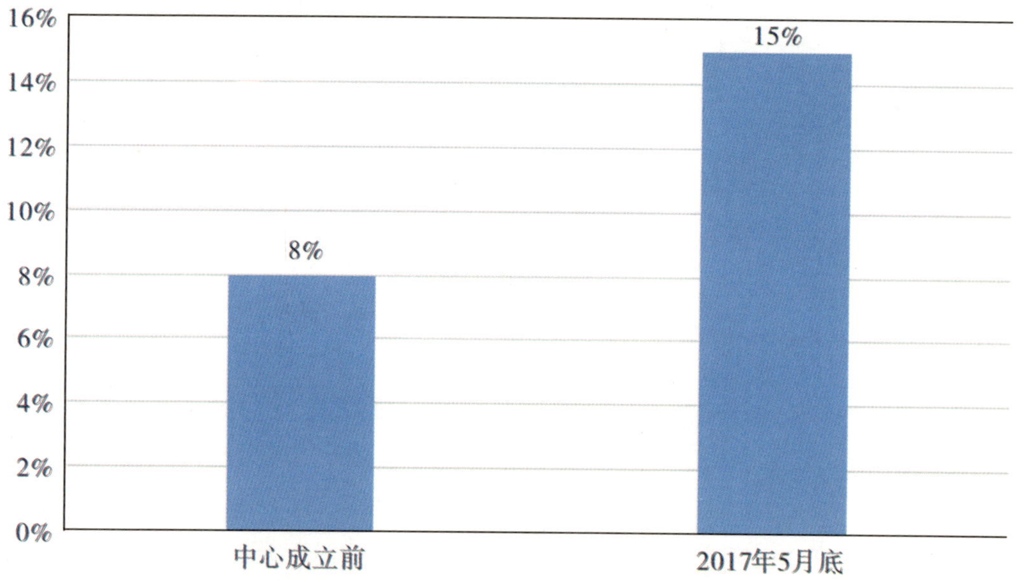

图7－9　高新技术企业信贷客户数占比

（2）业务联动成效显著扩大，实现拉动转型。

至2016年底，通过“综合+融合”的联动营销模式，高新技术企业与广东建行各分行各项业务协同发展，公私联动成效明显，客户贡献值不断提升，推动“升级进位”转型目标的实现。

通过联动营销模式，取得的成效主要有：第一，在国际业务上，科技外贸贷、投、放达629亿元，国际收支量超300亿美元，同比新增21%。第二，在投行业务上，科技引导基金、创新创业产业基金、海外并购、定增等大额资本项目亮点纷呈，累计投放超200亿元，同比增长超7倍。第三，在结算业务上，办理新型结算产品客户新增3 525户，覆盖率大幅提升；账户结算量近1.5万亿元。第四，在零售业务上，有贷户代发工资覆盖率40%，比全省有贷户代发工资平均覆盖率高9百分点；累计为4.1万个高新技术企业员工办理155亿元科技安居贷；为2 056家高新技术企业办理批量发卡业务，累计发卡超22万张。

（3）政银合作关系日益紧密，成效备受肯定。

科技金融创新中心的成立，高度契合国家创新驱动发展战略，契合市场与科技创新企业需求，有效缓解“融资难、融资贵”问题，得到广东省委省政府、各地方政府及地方监管部门的高度肯定。目前，中国建设银行科技金融创新中心已成为广东科技金融的标杆，各地政府主动到中心及辖属行调研科技金融工作并征求财政相关支持意见，主动邀请中心共建分中心或共同组织专题活动，主动宣传“科技金融，首选建行”，主动提请建设银行派员到科技管理部门挂职。政银工作关系从以往建行对政府的“追求期”进入双方“热恋期”，达到前所未有的新高度，对相关机构业务和重大项目的营销起到良好推动作用。

二、科创咖啡

由科技金融中心搭建的科技金融众创空间——广州创业大街科创咖啡（以下简称“科创咖啡”）被广东省科技厅认定为省级众创空间试点单位，也被国家科技部认定为国家级众创空间。科创咖啡在省、市、区的共同支持下，以市场化运作的方式，由广州市科技金融综合服务中心与黄花岗科技园管委会共同建设。

截至2016年，科创咖啡已有四家体验店开始运营：

科创咖啡一号店：2016年3月29日在越秀区黄花岗科技园正式开业，开始沿地铁在各区迅速布局。

科创咖啡二号店：2016年6月25日强势进驻客村地铁站，成为全国首家地铁创业咖啡。

科创咖啡三号店：2016年6月28日落户大学城，联合广州产学研协同创新联盟，为大学生打造一站式的创新创业平台。

科创咖啡四号店：2016年7月11日进驻广州最休闲、繁华的地段——公园前地铁站，认真做华南创新创业品牌。

科创咖啡致力于建设一站式的科技金融服务品牌，集聚优质科技金融资源，打造科技金融生态网，见图7－10。提供科技企业及创业项目成长链条中所需要的金融服务，打造创业项目从众创空间到科创板到新三板再到主板、中小板、创业板的上升渠道。

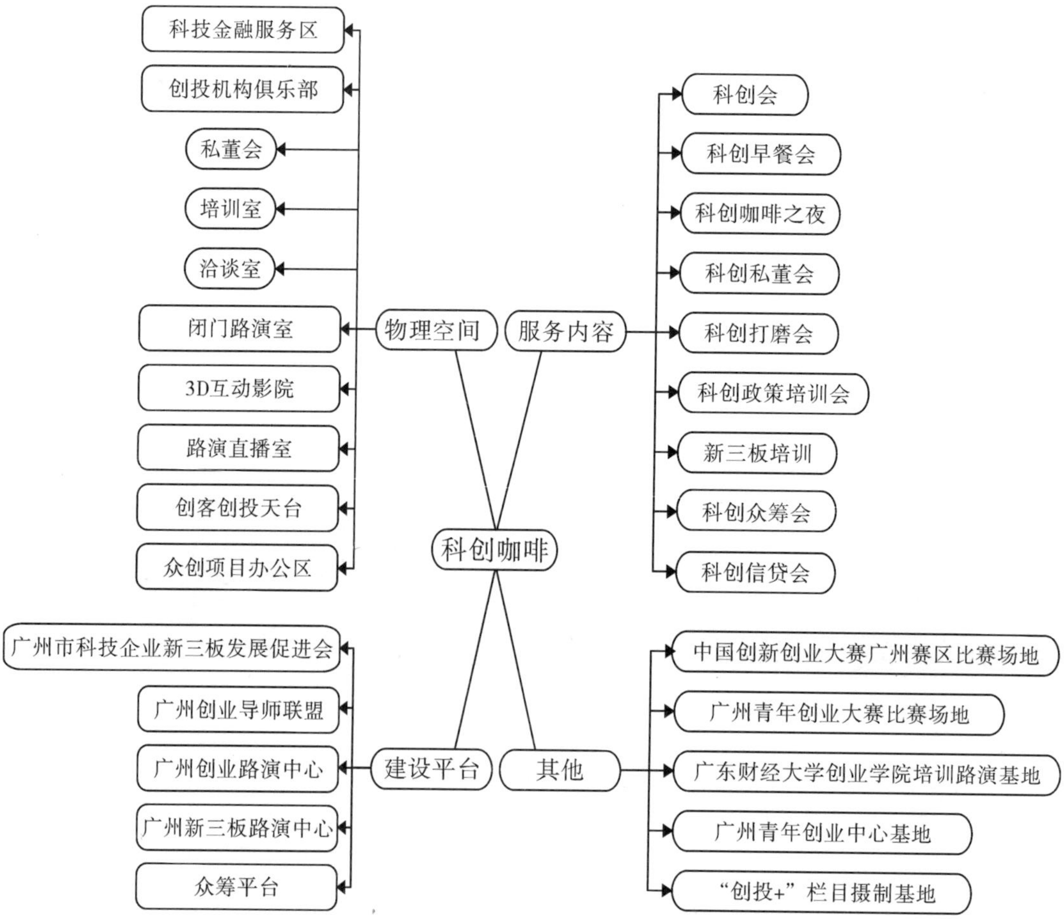

图7－10　广州创业大街科创咖啡概览图[①]

① 广州市科技金融平台．http：//www.kjjr360.com/website/showCmsList？navgateColumnId.

（一）大力推动科技信贷特色体系建设

1. 省市联动打造航母级信贷风险准备金

广东省人民政府办公厅制定了《关于促进科技和金融结合的实施意见》（粤府办〔2013〕33号），由广东省科技厅、广州市科创委和科技金融中心共同开展省市联合科技信贷风险准备金合作项目。首期广东省科技专项资金6 000万元，用于配套广州市科技型中小企业信贷风险补偿资金池，共同组成省市联合科技信贷风险准备金，引导和鼓励科技企业快速发展。

2. 科技信贷支持中小科技企业成效显著

共计125家广州新三板科技企业获得科技信贷授信，企业营业收入整体增长32.1%，净利润增长35.8%，2016年税收增长130%，授信企业整体成长性优于A股、中小板企业均值。

3. 建立市区联动政策体系，形成全国示范引领作用

通过积聚市区科技资源，建立健全与广州市科技型中小企业发展相适应的科技信贷政策环境。南沙区科技主管部门已发布首期3 000万元的南沙区科技型中小企业信贷风险补偿资金池，荔湾区的资金池工作也在积极推进中，以实现市区联动，发挥广州在我国科技信贷服务体系建设中的示范引领作用。

（二）搭建资本市场融资平台

1. 服务企业挂牌科创板

通过举办中国创新创业大赛、项目路演、政策宣讲等活动开展宣传工作，积极推动广州市科技企业挂牌，为企业提供推荐挂牌服务。截至2017年5月，广州市科创板挂牌及注册企业数增长至942家，较2016年新增挂牌企业390家。

2. 新三板继续发力，创新层企业稳步增长

截至2017年6月，广州市新三板挂牌企业总数为410家，较2016年新增71家；进入创新层的新三板企业总数达到56家，较2016年新增21家，总数排名为全国第四；创新层企业数同比增长率为51.35%，增长速度高于北京市和上海市。

3. 联动投研机构，提升平台专业服务

通过建立券商服务梯队、投资机构梯队、财务顾问梯队，扩充专业服务机构合作队伍，提升科技金融平台专业服务水平，为企业提供全链条、专业化的一站式服务。

4. 举办新三板工作会议，落实各区新三板挂牌任务

协助广州市科创委开展新三板企业发展工作会议。会议要求各区工作要做到以“面”上提升、“点”上突破为目标，推进各区新三板工作进程。

（三）持续推进双创工作并组织系列活动和展会论坛

在广州市科创委的指导下，科创咖啡充分借助广州市科技金融服务力量，联合投资、证券、银行等金融机构，组建第一批广州市科技金融特派员团队，为广州市科技型中小微企业提供优质高效的科技金融服务，促进科技企业发展。

目前由科创咖啡举办的创新创业培训活动已超过20场，其中科技金融特派员已为500家企业提供投融资对接、财务咨询、企业规划等服务。

第六届中国创新创业大赛在各方力量的支持下，在2017年再次实现历史性突破。广州赛区报名数量达到3 154家，约占广东省报名总数的63%，报名数量全国第一，高于省级赛区和直辖市，超过了江苏省的2 090家、浙江省的1 593家以及深圳市的1 162家。

2017年，在各级部门、金融机构的支持下，科创咖啡主办了一系列高端双创对接活动和培训，包括“犀牛之星”全国新三板明星企业巡回路演、科创智库新三板董秘考证培训班、第三届新三板价值分析大赛华南赛区比赛、旅美科协广州办事处揭牌暨海外高端项目路演，以及2017科技金融发展论坛——科技金融助力IAB新兴产业发展、第二届德勤中国高科技高成长评选活动等。

三、广东省科技金融促进会

广东省科技金融促进会（以下简称“促进会”）是由广东省生产力促进中心、粤科金融集团、广东建行等12家省内有影响力的科技金融机构联合发起成立的全省科技金融社会团体。

促进会以“一心一意促创新，一心一意做服务”为理念，以“沟通政府、对接科技与金融资源、服务科技型中小企业”为宗旨，紧贴广东科技金融的发展趋势，坚持自身定位，努力打造科技金融合作平台，为广东科技金融打造一个全新的发展样本。全力促进科技金融事业发展，推动科技、金融、产业和政策“四链”融合，成为全省科技金融工作的多方联动协同平台。

（一）成立促进会专业委员会和区域服务示范基地

促进会根据会员单位的专业和资源优势，成立风险投资、普惠性科技金融、天使

投资与众创空间、互联网股权融资、新三板、科技担保和科技金融人才七个专业委员会。通过专业委员会，规范行业人员的行为，协助行业举办高峰论坛等活动，促进行业的对接和人才培训，为行业提供交流平台，增强行业的专业力量。

在珠三角和粤东、西、北地区设立六个示范基地，开展专业化区域服务，发挥示范带头作用，协同原有的科技金融服务体系，有效辐射周边。

（二）开展科技金融研究工作

促进会与专业研究机构，如华南科技资本研究院、暨南大学产业经济研究院、东莞电子计算中心等合作，开展一系列研究工作，公开发布了《2016广东省科技金融发展报告》《广东省创业投资行业发展报告2016》，制定了虚拟孵化器的建设标准等。此外，促进会还配合广东省科技厅和广东建行，推动普惠性科技金融的相关工作。

（三）协助广东推进科技金融重点工作

促进会围绕广东省科技金融的工作重点继续推进相关工作，如全程参与和配合2016广东省创新创业大赛的工作；配合全省科技‘四众’促进‘双创’工作现场会的召开；对省内各级地市的情况进行调研，搜集资料，汇编各级地市的政策，并组织会务工作，包括准备领导考察地点等。

促进下属的各个会员单位相继开展一系列与科技金融相关的工作，例如东莞天安数码城联合广东金融高新区的股权交易中心为企业举办专业的路演活动并提供股权交易服务。

四、省内各高校协作

省内高校充分依托各类科技金融服务机构与主体，整合研究资源，助力产学研协同，推动金融资本与社会资本的科技领域配置，既为全省科技金融注入新活力，又成为践行创新驱动战略的重要主体。其中，广东省金融学院、广东工业大学、广东财经大学等高校充分发挥科研资源优势，以敏锐的视角，广泛而深入地开展科技金融政策研究并制定规划，为广东省科技金融发展做出了卓越贡献。

（一）珠三角科技金融产业协同创新发展中心

珠三角科技金融产业协同创新发展中心整合了广东财经大学各个相关学院和广东省电子商务技术市场应用重点实验室等研究力量，协同暨南大学产业经济研究院、中山大学金融工程与风险管理研究中心、广州银行佛山分行和佛山高新区等优势资源，为广东省科技金融发展献策献力。

该中心目前已确立了微金融与科技企业融资、珠三角高新技术产业金融研究、科技行业财税调控及绩效评价、科技金融产品创新与风险管理、互联网金融与金融信息安全、科技金融法律保障体系等六大研究方向，旨在通过体制机制创新，构建科技金融产业大型数据库群、科技金融公共服务平台和科技金融法律及政策保障体系，创建国内一流的科技金融创新研究团队、科技金融战略决策咨询高端智库、科技金融高端人才培养基地。

（二）科技金融重点实验室

科技金融重点实验室成立于2012年3月，由广东省科技厅与广东金融学院共建，是广东省科技金融重点研究基地、广东省决策咨询研究基地。实验室以基础研究为本，应用研究为主①，重点探讨科技企业价值评估与风险管理、知识产权定价与融资以及动态投融资对接等方面的问题。

作为2014年广东省科技金融产业融合的20项重点工程之一，实验室构建了国内首家科技金融综合信息服务平台——广东省科技金融综合信息服务平台，并在全省各地市建立23个分平台。截至2016年底，平台注册企业已有2 000多家，参与平台贷款业务的合作银行共16家，100多家企业成功融资12亿元，在国内首次实现金融产品的“O2O”，为科技金融大数据分析奠定了基础。

（三）科技金融高峰论坛

科技金融高峰论坛由科技金融重点实验室举办，是一个集聚了政府机构、全球华人科学家、中国企业家、金融机构、企业智库、科技金融服务机构等资源的大平台，也是目前国内规格最高、影响力最大、行业最前沿的科技盛会。

第一届中国科技金融高峰论坛以“科技驱动，金融创新”为主题，探讨了“产业＋互联网＋金融”的跨界金融服务发展趋势，分析了创新驱动与金融服务的紧密联系，设想了构建以信息服务平台为基础的融合产业圈和金融圈的科技金融服务圈层体系。

第二届中国科技金融高峰论坛以“科技变革，金融创新”为主题，解读了国内最新科技金融政策和理论研究，分享创新经验，帮助科技企业深入了解最新发展趋势，明确最新发展方向和目标。

---

① 广东金融学院科技金融重点实验室．实验室简介．http：//kjjr. gduf. edu. cn/sysgk/sysjj. html.

（四）科技金融综合信息服务平台

广东省科技金融综合信息服务平台是由广东省科技厅、广东金融学院共同建设，通过建立全方位的科技金融服务信息数据库和科技企业的信用评级体系以及价值评估体系，构建覆盖投融资对接、第三方资信评价、行业分析、动态预警、信息推送、科技企业展示、培训教育等功能的综合性服务平台。

目前，平台实现了科技企业融资需求发布与第三方评价、金融机构（银行）在线受理融资申请，大大减少科技企业在银行排队等候和多次往返的时间，同时提供科技金融政策资助依据，将科技企业贷款与科技金融政策结合起来，实现科技部门对科技企业的科学管理和资助。投融资对接系统运行路径见图 7－11。

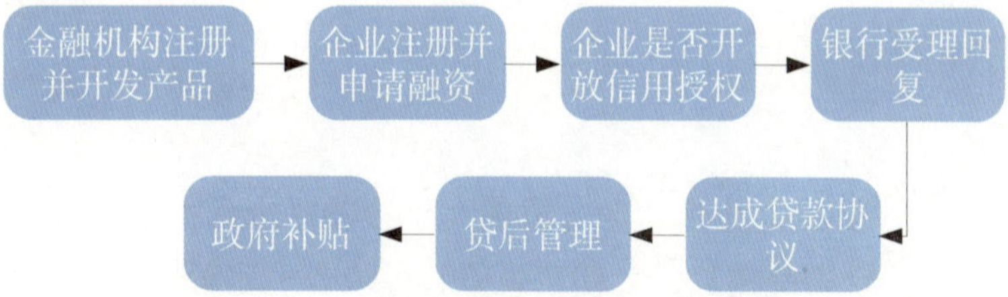

图 7－11　投融资对接系统运行路径①

（五）科技金融创新班

科技金融创新班由广东工业大学与广东建行联合创设，旨在为广东经济发展提供长期的人才支撑，培养具备国际化视野以及适应我国金融市场发展要求的复合型、应用型高级金融人才。除此之外，广东工业大学与广东建行签订了战略协议，在大学生创业孵化、金融人才培训、实习基地建设、校园金融社团活动等领域开展全面合作，培养一批既具备理工科专业知识，又掌握金融工程基本理论和实务等的复合型高级人才，为科技金融发展提供人才支撑。

① 广东省科技金融综合信息服务平台简介. 金卡工程，2016（10）：87－88.

第八章　地市先锋——广州科技金融

广州市早在2010年就成为国家首批16个促进科技金融结合试点地区之一。随着近年金融、科技、产业融合创新工作的大力推进，科技金融逐步成为广州建设国家创新型城市和区域金融中心的重要抓手。现阶段，广州市已形成了“一个中心，两大服务区，三大工具”的科技金融运行体系和“1+3”科技金融政策体系，探索出一条政府支持、市场引导的科技金融发展新路程。

一、广州市科技金融运行体系

（一）“一个中心”全面服务科创企业

2015年6月，广州市委、市政府颁布了《广州市人民政府办公厅关于促进科技、金融与产业融合发展的实施意见》。文件明确指出：“以企业法人方式设立广州市科技金融综合服务中心”（以下简称“中心”）。在两年的成长中，中心逐步形成了“1+9”集群构建模式，建立起覆盖全市、市场化运作的科技金融服务体系，构建了“一站式”的全链条科技金融运行模式，是广州市科技金融运行体系的重要组成部分。

1. 广州市科技金融综合服务中心发展历程

在政府的大力支持下，广州市科技金融综合服务中心自成立起就致力于创新服务。2016年8月，中心着力建设各个分中心、广州市创业联盟、广州市科技企业新三板发展促进会等实体机构，为广州市科技与金融资源对接提供了有效的载体；2016年9月至今，中心处于高速发展阶段，多项创新创业赛事成功举办，并致力于为更多的科技企业及机构提供优质服务（见图8-1）。

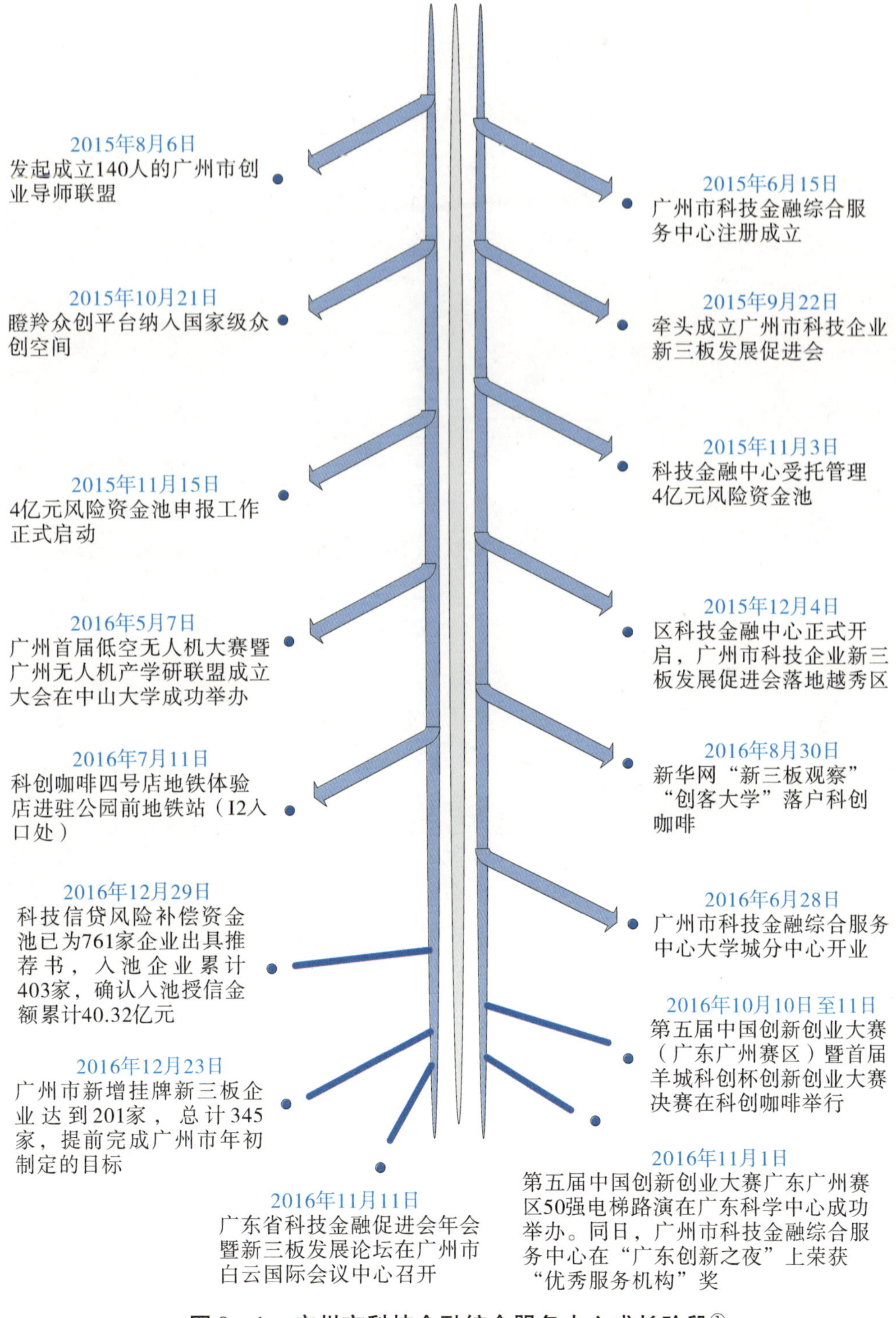

图 8－1　广州市科技金融综合服务中心成长阶段[①]

---

① 广州市科技金融综合服务中心，2016.

2. 广州市科技金融综合服务中心服务体系

广州市科技金融综合服务中心在市科技创新委员会的指导下，按照“1+9”集群构建思路，在广州9个区设立分中心，建立覆盖全市、市场化运作的科技金融服务体系（见图8-2）。中心作为服务网络的枢纽，通过各区分中心的连接，充分实现市区联动，深入掌握各地区企业的创新需求，为全市的科技企业提供综合性的服务。

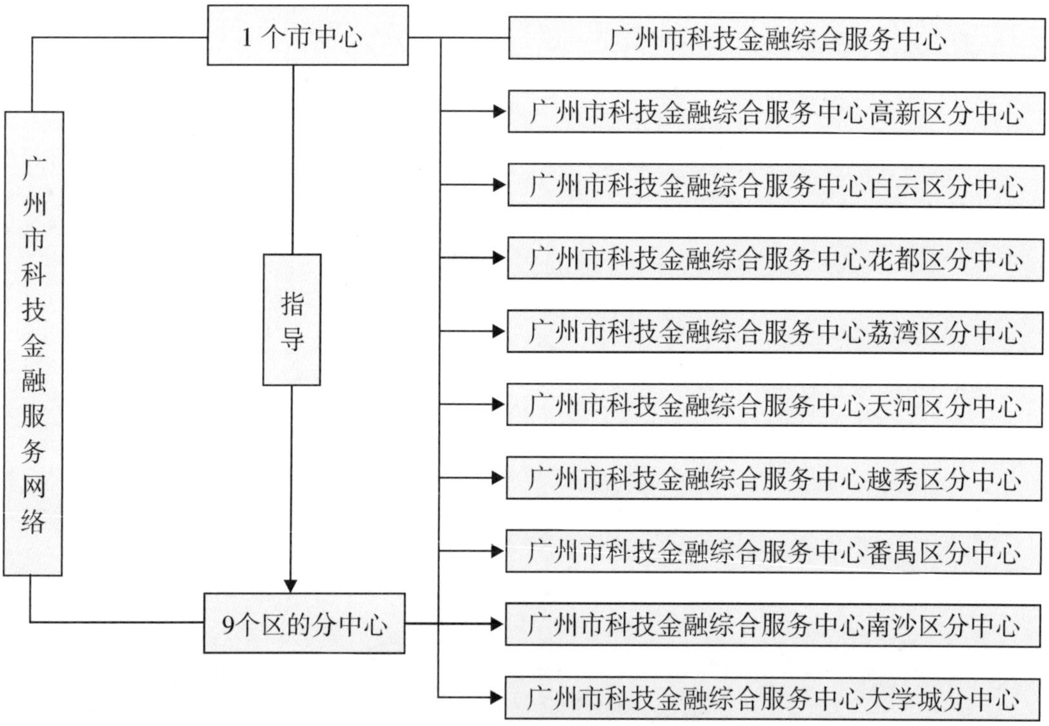

图8-2 广州市科技金融服务网络①

3. 广州市科技金融综合服务中心运行模式

中心从企业创新创业的需求角度出发，提供创业孵化、科技信贷、创业投资、企业上市等全链条科创服务，承办中国创新创业大赛等赛事，全面支持种子期、初创期、成长期、成熟期的科技企业创新发展（见图8-3）。

① 广州市科技金融综合服务中心，2016.

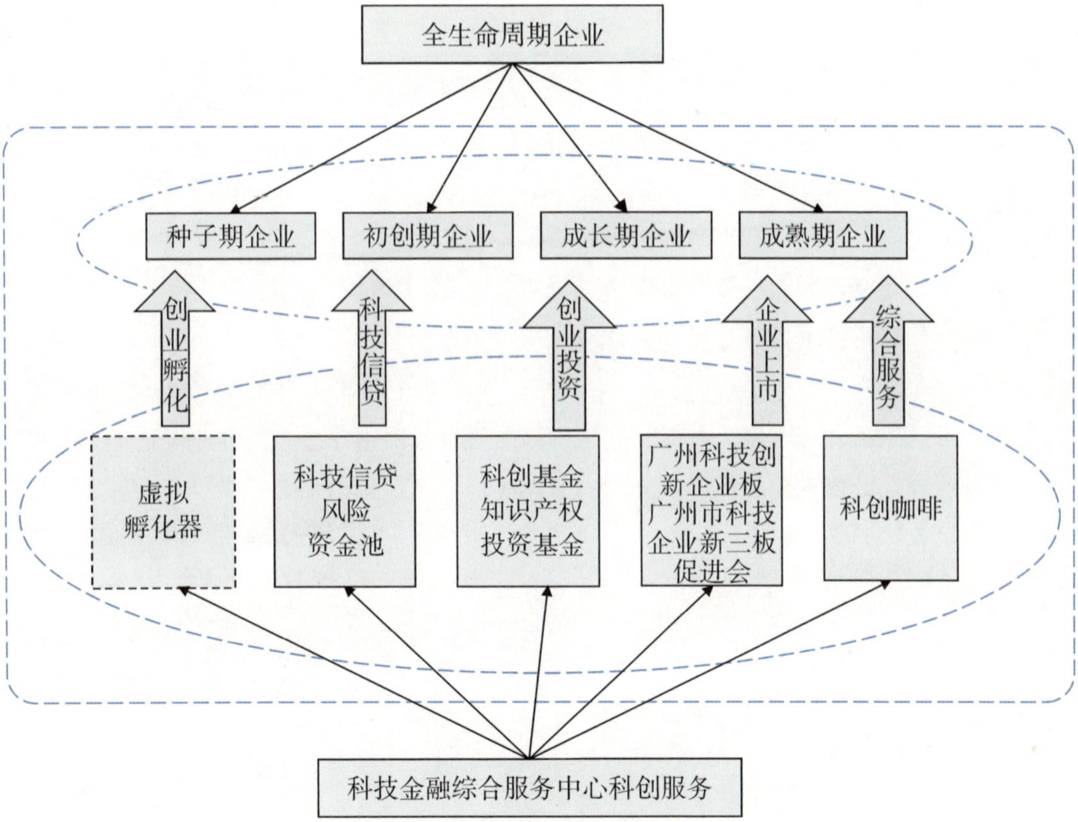

图 8-3 广州市科技金融综合服务中心运行模式

（二）"两大服务区"集聚科技金融优势资源

1. 集聚金融资源，完善金融服务

番禺科技金融服务创新示范区和广州开发区金融创新服务区是推动广州市科技金融发展的重要功能区，二者从战略和全局的高度出发，大力支持科技信贷方式创新，积极投入政府引导基金，在广州市科技金融发展中起到领头羊的作用，详细内容见表 8-1。

表 8-1　2016 年两大服务区金融服务概况

服务类别	番禺科技金融服务创新示范区	广州开发区金融创新服务区①
创业投资	着力打造番禺创业投资基金产业集聚区。建设万博基金小镇，以基金产业、特色金融为重点，推进金融创新驱动发展，带动番禺区形成以创业投资基金为主体的金融业发展新格局	创业投资企业数量稳步增长。全区已完成备案手续的股权投资类企业（含创业投资企业）累计 66 家，资金超过 230 亿元。2016 年新注册成立（含迁入）的股权投资类企业 6 家，注册资金规模超过 170 亿元
政府引导基金	广州越秀、天河、番禺、增城等区和经济技术开发区都设立了引导基金，形成市、区两级政府投资基金体系②	设立政府引导基金，促进科技型企业发展。在广州市金融工作局的指导下，广州开发区投资基金管理有限公司于 2016 年 9 月 28 日注册成立
小额贷款公司	加大监管力度，落实监管措施。2016 年区政府强调加大对小额贷款公司的日常监管力度，建立起有效的监管机制，动态掌握其经营发展情况，引导小额贷款公司规范经营	促进小额贷款公司健康发展。截至 2016 年底，区内四家小额贷款公司全年累计投放贷款 5.6 亿元。全年贷款 302 笔，实现营业收入 6 700 万元，全年账面净利润近 2 600 万元，全年累计上缴税收 1 277 万元
服务平台	若干科技金融服务机构相继运作。2016 年广东华南科技资本研究院编写《2016 广东省科技金融发展报告》，发挥科技资本服务平台的中介作用，有效辅助企业在资本市场科学发展 华南现代服务业交易中心正式揭牌。交易中心已经对接超过 2 000 家国内外知名现代服务业企业，并将建设科技金融服务、企业信息化、创业辅导和工业设计四大平台，为华南地区的制造企业提供服务	坚持需求导向，促进产融对接 开发区创建“融资汇”产融对接平台，以加强统筹区域产业投融资体系建设。2016 年举办五场不同融资主题的专场活动，约 200 家企业享受个性化融资对接，达成授信融资额约 2 亿元 推动科技金融路演中心落户，促进优秀企业与创投机构、上市公司之间的投融资信息对接。目前已成功开展了 8 期广州科技企业投融资常态化路演活动

① 广州市金融工作局 . 2017 广州金融发展形势与展望，2017.
② 广州市金融工作局 . 2017 广州金融发展形势与展望，2017.

2. 扶持科技资源，推进企业上市

番禺科技金融服务创新示范区和广州开发区金融创新服务区积极推进本区企业上市工作，同时注重提升企业的创新力，在新三板创新层的挂牌企业中均名列前茅。

（1）番禺科技金融服务创新示范区。

番禺区2016年新增上市企业4家、新增新三板挂牌企业25家[①]，至2017年8月，在420家广州市新三板挂牌企业中，进入创新层的企业56家，居全国省会城市第一位，其中番禺占53家。[②]

（2）广州开发区金融创新服务区。

一方面，扎实推进企业上市工作。2016年新增高澜节能、吴志机电、爱司凯、达志环保、弘亚数控、视源电子六家上市企业，合计募集资金约11.57亿元，全区上市企业累计达到41家。上报国家证监会审核的拟上市企业有10家，上市准备工作良好。另一方面，大力推动企业挂牌新三板。截至2016年底，开发区累计挂牌企业达85家，位居全市前列，其中有9家企业入选新三板创新层，20多家待审，发展势头迅猛。[③]

（三）“三大工具”引领科技金融服务创新

1. 科技信贷风险补偿资金池

（1）资金池运行流程。

广州市科技型中小企业信贷风险补偿资金池是由市财政首期出资4亿元设立，委托广州市科技金融综合服务中心管理运作的财政专项资金。资金池推动8家合作银行为科技型企业提供不低于10倍的科技贷款风险补偿，合作银行为科技型中小企业发放贷款所产生的本金损失，由科技信贷风险补偿资金池承担50%（见图8－4）。目的在于降低企业贷款门槛，增加银行授信额度，减少实物资产抵押，解决企业融资难、融资贵的问题，帮助企业渡过资金危机。

---

① 广州市番禺区发展和改革局．二〇一六年广州市番禺区国民经济和社会发展统计公报，2017.

② 广州新三板挂牌企业420家．番禺日报，2017－08－31.

③ 广州市金融工作局．2017广州金融发展形势与展望，2017.

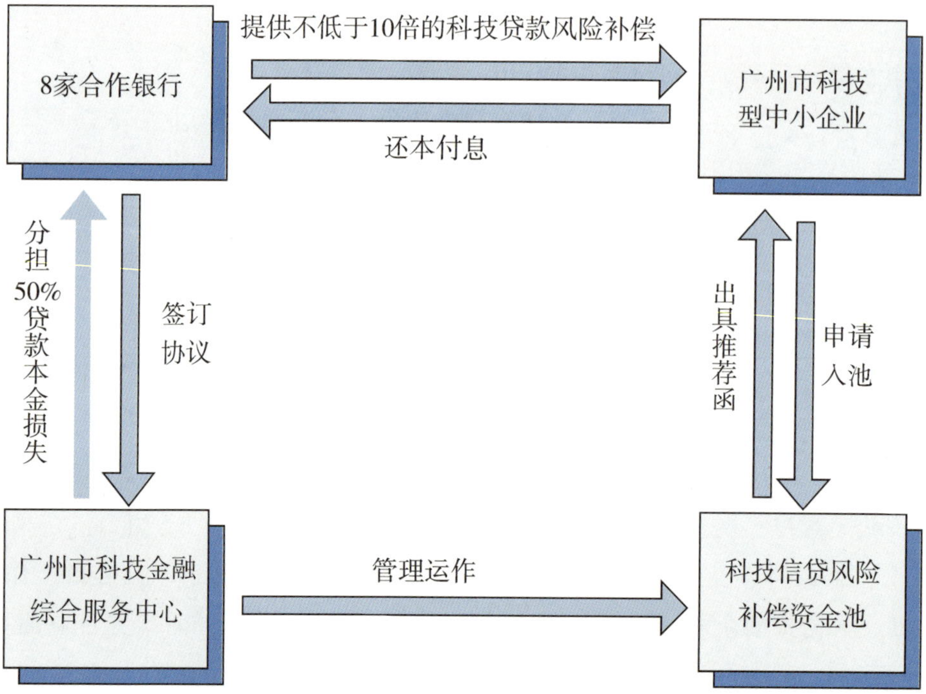

图 8－4　科技信贷风险补偿资金池运行流程

（2）入池企业贷款情况。

科技信贷风险补偿资金池的设立，促进了科技和金融紧密结合，同时缓解了科技型中小企业贷款困难。截至 2016 年 12 月 31 日，广州市科技金融综合服务中心累计受理企业资金申报 1 138 项，为 788 家企业出具近 1 413 笔推荐函，为 417 家企业 496 笔贷款出具贷款确认书，获得银行贷款 42.46 亿元。从区域上看，入池企业已实现市区全覆盖，其中天河区和开发区入池企业数及贷款金额均占 50% 以上（见图 8－5）；从贷款规模看，尽管广州市科技信贷风险资金池建立时间较短，但发展迅速，为广州市科技型企业切实解决了融资难、融资贵的问题。

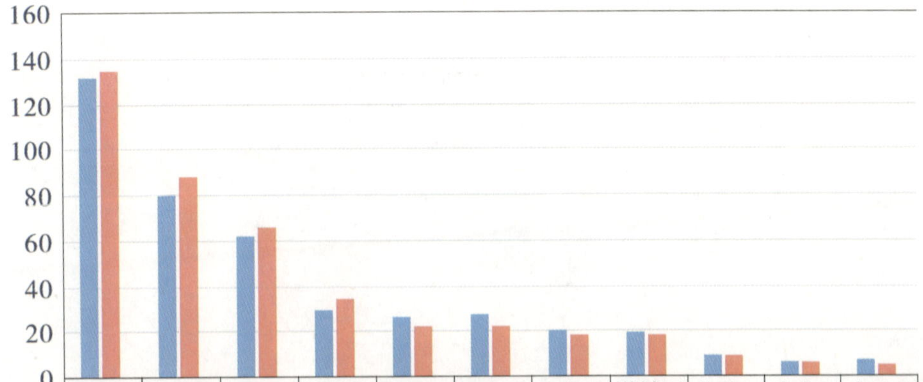

	天河区	开发区	番禺区	白云区	海珠区	越秀区	花都区	增城区	荔湾区	从化区	南沙区
■企业数（家）	132	80	62	29	26	27	20	19	9	6	7
■贷款金额（千万元）	135	88	66.3	34.5	22.6	22.1	18.1	17.9	8.67	5.87	5.56

图 8－5　科技信贷风险资金池入池企业数及贷款金额①

2. 创业投资

（1）股权投资市场不断完善。

广州市制定出台《关于加快广州市股权投资市场发展的意见》《关于促进广州股权投资市场规范发展的暂行办法》，对落户广州的股权投资机构给予最高 1 500 万元的奖励，吸引众多股权投资机构来穗发展。截至 2016 年底，广州市各类创业投资、风险投资、股权投资机构从 2012 年的 100 多家迅速增加到 1 700 多家，管理资金规模达到 3 600 多亿元，② 股权投资市场迅猛发展。

（2）创业投资引导基金发展迅速。

广州市自 2012 年成立市高新技术产业创业投资引导基金以来，重点引导社会资金投向初创期、成长期的科技企业。2013 年安排 24 亿元财政资金设立广州产业转型升级引导基金，2015 年安排 15 亿元资金设立广州工业发展引导基金，有效激活广州创业投资氛围。

创投引导基金作为政府引导基金的重要组成部分，是政府完善创投市场的重要手段之一。同时，以产业基金、创投基金、基础设施基金为主的政府引导基金，一定程度上代表各地区创投引导基金的发展概况。广州市政府引导的基金数量在广东省占比达 25.5%，已到位资金规模达 48.7%，遥遥领先于广东省其他地区，为广州市创投行业发展提供了良好的环境（见图 8－6）。

---

① 广州市科技金融综合服务中心，2016.

② 广州市金融工作局. 2017 广州金融发展形势与展望，2017.

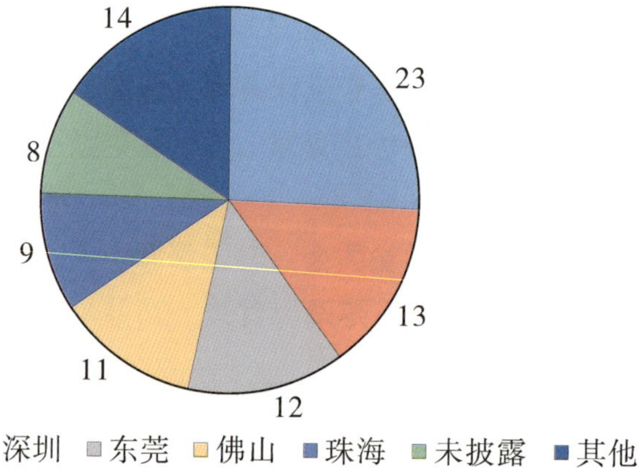

图 8-6 2016 年广东省政府引导基金地域分布①

（3）创业投资规模逐年递增

2015 年广州市创业投资交易数量 366 起（见图 8-7），较 2014 年增加 52.5%；2016 年广州创业投资市场投资额约 36.327 亿元，仅次于深圳市（见图 8-8），是广东省创投市场的中坚力量。

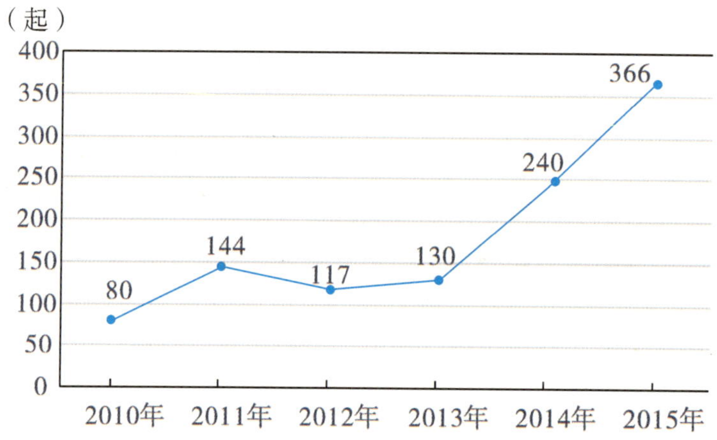

图 8-7 2010—2015 年广州市创投市场投资交易数量②

① 私募通．http：//www.pedata.cn.

② 广东省风险投资促进会．广东促进新兴产业创业投资发展政策研究，2016.

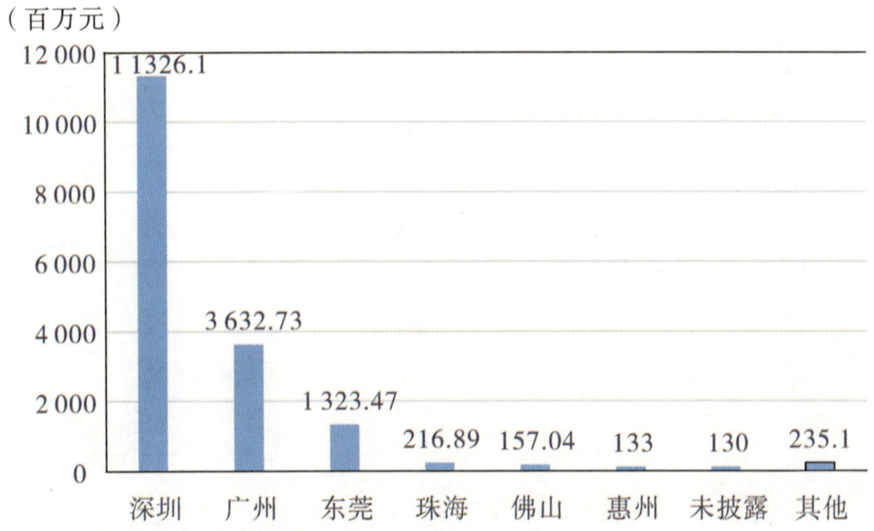

图 8－8　2016 年广东省创业投资市场投资额地域分布图①

3. 广州股权交易中心

（1）广州股权交易中心发展现状。

自 2012 年 8 月 9 日开业以来，广州股权交易中心服务供给侧结构性改革，服务大众创业创新的能力不断提升，服务效果正逐步显现。截至 2016 年 12 月 31 日，广州股权交易中心挂牌展示企业总数已达 5 646 家（见图 8－9），会员单位 361 家，累计实现融资交易总额 1 003.04 亿元。② 从可比市场来看，中心的各项指标均位于全国区域性股权市场前列。广州股权交易中心搭建中小微企业综合金融服务体系，创新设计多元化的融资服务产品，并与全国性资本市场成功对接，探索出一条区域性股权市场发展新路。

① 广东省风险投资促进会. 广东促进新兴产业创业投资发展政策研究，2016.

② 广州市金融工作局. 2017 广州金融发展形势与展望，2017.

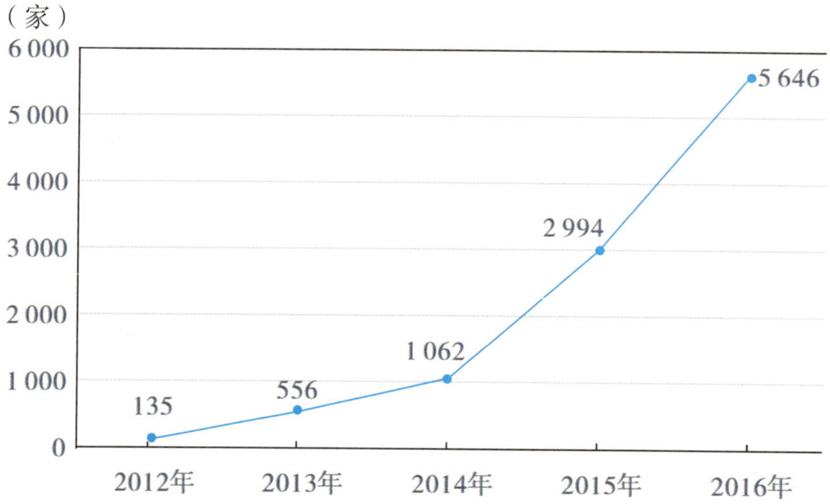

图 8－9 广州股权交易中心 2012—2016 年挂牌展示企业数①

（2）广州股权交易中心运营特色。

一是在国内首创"无门槛、有台阶"企业挂牌政策，聚集大量尚未具备上市条件的企业在区域性股权市场挂牌及融资；按企业发展阶段、规范程度、信息披露完善程度分为进取板、精选板、成长板和青创板四个板块，中心各板块发展概况见表 8－2 和图 8－10。

表 8－2 广州股权交易中心各板块概况

板块	服务对象	准入特点	服务模式
进取板	成熟型企业	备案制 股份公司：15 万～20 万元	导入政府帮扶政策和资金
精选板	高成长科技型中小企业	备案制 有限责任公司： 1.5 万～3 万元	导入政府帮扶政策和资金
成长板	初创期企业	注册制 不收取挂牌费	导入政府帮扶政策和资金
青创板	青年大学生		互联网非公开股权融资和全流程辅导模式

① 广州市金融工作局．广州金融发展形势与展望，2013—2017.

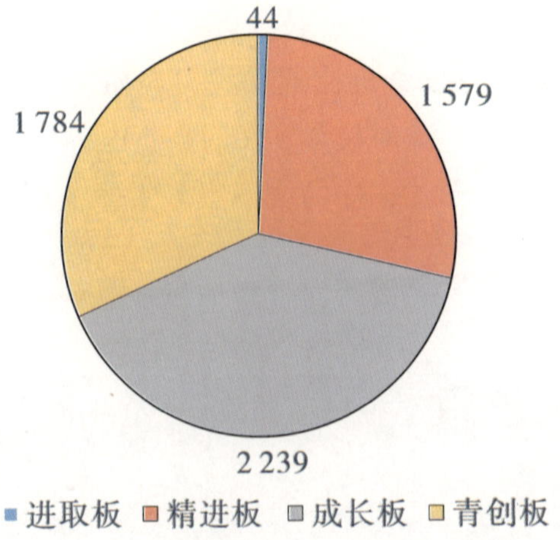

图 8－10　广州股权交易中心各板块挂牌企业数①

二是积极推动广东省金融、工商、经贸、科技和有关地市政府等部门出台各类支持中小微企业挂牌融资的激励政策，包括挂牌费用补贴、交易费用补贴、股份制改造补贴、融资贴息等多项政策红利，并与省中小企业局及广州市科创委共建“广东省高成长中小企业板”和“广州市科技企业创新板”，积极导入政府政策资源，为高成长中小企业和科技型中小微企业提供专属的综合性金融服务。

三是强化全流程的综合金融服务，为挂牌企业提供基础服务、融资服务和财务顾问服务三大类共计 22 小类金融服务，并开展《粤启航大讲堂》系列服务培训，同时不断推出创新型结构化投融资产品，如“股融通”“知融通”“债信通”“私募债券”“直接债务融资”“股权增值贷”等融资产品。截至 2016 年底，“股权增值贷”已完成放款企业 7 家，放款额度 2 000 万元，意向融资企业 15 家，② 为挂牌企业尤其是轻资产挂牌企业提供新的融资渠道。

四是积极推进与沪深交易所、新三板和中证报价系统等全国性资本市场平台的对接合作，其中广州市人民政府与深圳证券交易所合作共建的广州科技金融路演中心、广州市金融工作局与深圳全景网共建的广州新三板路演中心，与中证报价系统通过跨市场挂牌交易模式实现互联互通，成为国内首家接入中证报价系统的区域性股权市场。

五是在国内首创青创板，助力大众创业、万众创新，并得到党中央与广东省政府的高度认可，双方签署战略合作协议，依托中心以省部共建模式建设中国青年大学生创业板，为青年创新创业项目和创业企业提供孵化培育、规范辅导、挂牌展示、投融资对接等综合金融服务。截至 2016 年底，中国青创板累计上板项目 1 784 项，覆盖全

① 广州股权交易中心. http：//www. china－gee. com/.
② 广州市金融工作局. 2017 广州金融发展形势与展望，2017.

国16个省市和地区；合作的孵化器、科技园区、众创空间达40个，近300项挂牌项目已孵化为企业；24个项目与投资机构成功签订融资协议，实现融资2.217亿元。[①] 中国青创板还相继在佛山禅城、珠海横琴、江门高新区等地共建立14个项目落地示范区、运营服务中心、服务站等形式多样的线下服务实体，搭建完整的创业生态链以及线下服务集群点。

案例 万博基金小镇

广东省第一个基金小镇——万博基金小镇成立于2016年3月，定位于打造创业投资基金产业集聚区，是番禺区实施金融创新驱动发展的重大平台。

一方面，基金小镇坚持高标准谋划，不断优化顶层设计。按照逐步打造创投基金产业集聚区—华南财富管理中心核心区—广州财富城核心区的发展思路，比对全国范围内的基金小镇特色，实施错位发展，加快《万博基金小镇业态和功能规划》《将万博商务区打造成华南财富管理中心核心区总体方案》及《五年行动计划》的落实。其中，已经出台的《万博基金小镇业态和功能规划》结合小镇的空间结构、物业进度，提出了以引进培育创业投资基金和私募股权投资基金为主，以私募证券投资基金和对冲基金为辅的四大类私募基金业态要素，明确了打造基金产业集聚区、金融机构集聚区、中介服务机构集聚区、外包服务机构集聚区四大功能片区的详细规划。

另一方面，基金小镇注重政策引领，扩大宣传推介。番禺区政府在借鉴深圳、珠江横琴等地以及杭州玉皇山南基金小镇、北京基金小镇的政策基础上，按照"贡献越大奖励越多""政策要有竞争力""政策量入为出"原则，出台了《番禺区促进万博基金小镇建设扶持办法》，并在万联证券（广州）私募巡讲会、第四届穗台金融论坛、思科大中华区合作伙伴投资番禺推介会、广州大学城创新创业项目交流会上进行重点推介。

目前，广州银行、浦发银行等四家商业银行以及安信证券、中投证券、银河证券、中信证券已在万博增设营业网点，68家投资基金落户万博基金小镇，预计募集资金规模将超过338亿元。[②] 小镇整体建设积极推进，成效显著。

---

① 广州市金融工作局.2017广州金融发展形势与展望，2017.

② 68家投资基金落户万博基金小镇．番禺日报，2017-09-07.

二、广州市科技金融政策体系

自2006年起，我国科技金融进入快速发展期，科技金融工作在地方迅速展开，北京、江苏、上海、广东等地纷纷出台相关的政策与法规。在此期间，广州市政府积极开展各项工作，但一直处于摸索阶段。2013年5月21日，广州市人民政府出台《关于全面建设广州区域金融中心的决定》（穗字〔2013〕12号），明确提出要加快建设以科技金融为主的广州金融创新服务区，促进产业和金融的融合发展。之后三年内，随着大量相关政策文件的颁布实施，广州市科技金融政策体系逐渐完善（见图8-11），科技金融发展也步入成熟阶段。

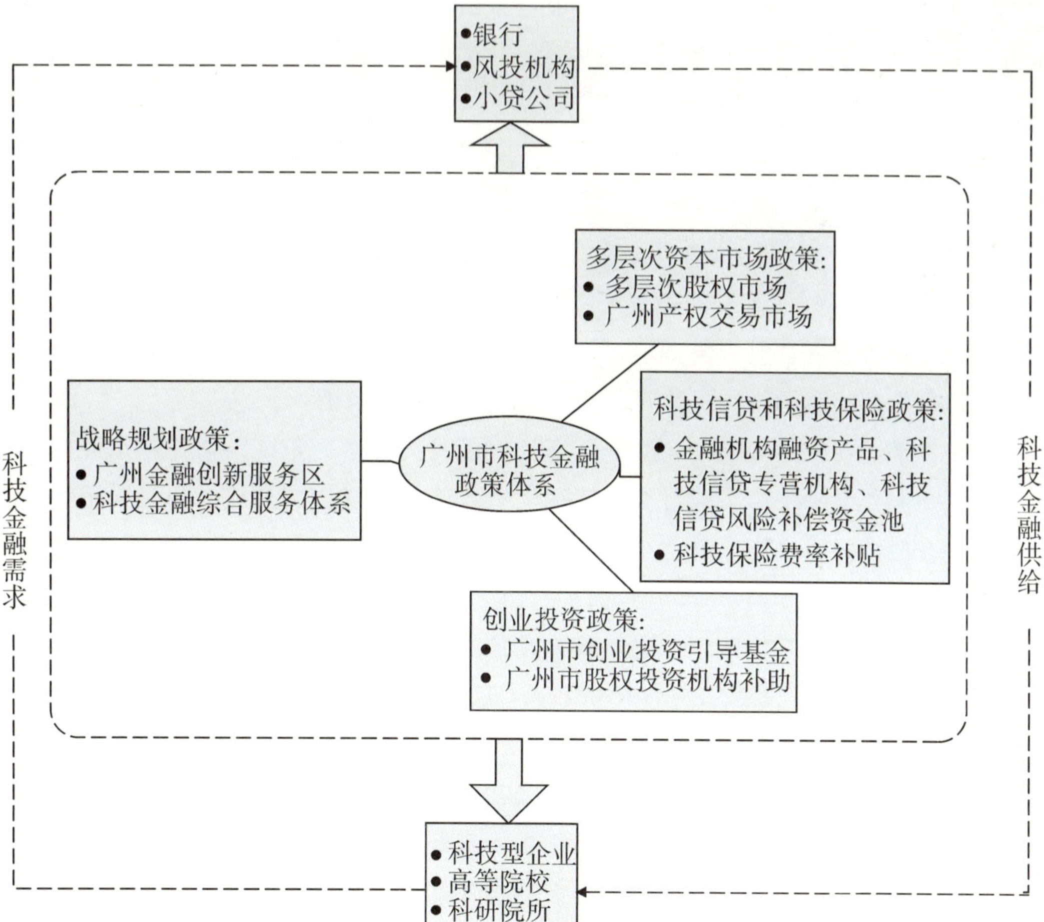

图8-11　广州市科技金融政策体系

（一）"1+3"科技金融政策

为深入实施创新驱动发展战略，积极引导金融资源向科技领域流动，广州市在科技、金融、产业融合发展的过程中不断创新，逐渐形成了具有广州特色的"1+3"科技金融政策体系。"1"是基于宏观把控的战略规划政策，"3"是对"1"的细化，包括多层次资本市场政策、科技信贷与科技保险政策、创业投资政策。"1+3"科技金融政策涵盖科技金融的核心内容，是广州市支持创新创业的全方位政策体系。

1. 战略规划政策

（1）建设广州金融创新服务区。

2007年，广州开发区提出在科学城核心区内规划建设广州金融创新服务区，定位发展创新性金融业务，重点引进和发展股权投资、融资租赁、融资担保、小额贷款等金融业务，是《广州区域金融中心建设规划（2011—2020年）》（穗府办〔2011〕8号）中广州建设区域金融中心的双核之一。

在《关于全面建设广州区域金融中心的决定》（穗字〔2013〕12号）、《2016—2018年加快广州金融创新服务区建设行动方案》（穗金融〔2016〕74号）、《广州市人民政府办公厅关于印发广州市金融业发展第十三个五年规划（2016—2020年）的通知》（穗府办〔2016〕23号）等政策文件中，着重提到要加快建设以科技金融为主的广州金融创新服务区，充分发挥广州开发区、广州科学城、中新广州知识城的平台优势，加速集聚各类金融机构，培育壮大股权投资和资本市场。

第一，推动在广州金融创新服务区规划建设科技金融一条街，依托广州股权投资基地和广州股权交易中心，通过实施特殊优惠政策并营造良好环境，集聚一批科技支行、创业及股权投资机构、科技小额贷款公司、科技融资担保公司、科技保险分公司等科技金融服务机构。

第二，充分借鉴其他地区发展经验，完善广州自主创新金融服务体系，提升科技保险服务水平。

（2）完善科技金融综合服务体系。

《广州区域金融中心建设规划（2011—2020年）》（穗府办〔2011〕8号）明确指出，应支持银行设立科技支行，设立科技企业创业投资引导基金，推动科技企业上市、发行债券，开展科技保险试点，建立以多层次资本市场、科技信贷、科技保险为支撑的科技金融体系。同时在《中共广州市委广州市人民政府关于加快实施创新驱动发展战略的决定》（穗字〔2015〕4号）、《广州市加快创新驱动发展实施方案》（穗府办〔2016〕12号）等文件中均提出要促进科技创新与金融的结合，完善科技金融服务体系。

科技信贷方面，大力发展服务科技产业的各类金融机构和组织；鼓励银行支持科技型企业信用贷款融资，着力扩大科技信贷规模，开辟科技信贷绿色通道。

创业投资方面，与社会资本合作，围绕广州产业发展方向，联合设立各专业领域创业投资基金；完善创业投资政府引导基金适当让利机制，支持创业投资政府引导基金跟进投资经备案登记的天使投资机构。

资本市场方面，依托广州股权交易中心建设中国青创板，大力发展科技保险和知识产权金融，推动完善知识产权评估和投融资机制，积极培育、引进知识产权价值评估机构。

2. 多层次资本市场政策

广州市出台一系列支持多层次资本市场创新发展的政策，吸引大批股权投资机构和人才来穗发展。随着国内资本市场对广州企业的信心持续增强，各类科技创新资源和金融资源加快向广州集聚，推动广州多层次资本市场实现爆发式增长，促使广州市现代金融服务体系进一步完善。从政策内容来看，广州市多层次资本市场政策支持集中于多层次股权市场、广州产权交易市场发展两方面。

（1）发展和利用多层次股权市场。

第一，积极推进企业在境内市场上市、挂牌。完善企业上市、挂牌工作服务协调机制，鼓励广州市处于不同发展阶段的企业通过主板、中小板、创业板、全国中小企业股份转让系统、广州股权交易中心等获得多层次服务和支持。

第二，发展和壮大区域性股权市场。大力支持广州股权交易中心创新发展，发挥市场机制作用，加强企业挂牌后的辅导及相关配套服务，打造立足广州、服务全省、辐射华南的中小微企业投融资综合服务平台。

第三，提高广州市上市公司质量。促进上市公司利用资本市场完善法人治理结构，健全公司内部制度；鼓励上市公司建立市值管理制度，保障公司独立主体地位；维护股东平等权利，稳妥做好退市、摘牌工作；支持机构投资者对上市公司的治理发挥外部制约作用。

（2）加快建设广州产权交易市场。

产权交易市场是多层次资本市场的重要组成部分和基础性平台。将广州建设成为具有重要影响力的区域产权交易中心，可以拓宽企业融资渠道，满足不同层次的投融资需求，加快多层次资本市场体系建设。

第一，加快私募股权交易市场发展。为非上市公司股权、私募股权投资基金份额交易提供市场平台，帮助中小企业尤其是高新技术企业解决融资难问题，并在此基础上探索设立广州柜台交易（OTC）市场。

第二，加快文化产权和技术产权交易市场发展。开展文化创意产业物权、股权、知识产权等交易，为文化产业投融资、并购重组提供服务，加快文化创意产业发展；发展技术产权交易，促进技术发明创造转化为现实的生产力，加大知识产权保护力度。

第三，积极促进业务创新先行先试。鼓励和支持产权交易机构探索和开展企业托管、股权登记托管、股权融资，开展市商交易制度、保荐人制度、知识产权质押融资、知识产权资产证券化、科技型中小企业上市前孵育等产权市场创新业务。

3. 科技信贷政策与科技保险政策

（1）科技信贷政策。

《广州区域金融中心建设规划（2011—2020 年）》（穗府〔2011〕8 号）等文件均表明广州市致力于将科技信贷打造为市科技金融服务体系的重要组成部分，主要包括以下三方面。

第一，创新金融机构融资产品。推广知识产权质押、产业链融资、投贷联动、股权质押融资等新型融资产品，探索开展高新技术企业信用贷款融资试点，对列入国家级、市级高新技术企业的，银行机构统一开展授信合作，发放信用贷款。

第二，建立科技信贷专营机构。采取落户奖励、建（购、租）房补贴、风险补偿、业务增量补贴、财税奖励等手段扶持建立科技支行、科技小额贷款公司、科技融资担保公司等科技信贷专营机构。

第三，完善科技信贷风险补偿资金池。通过规范广州市科技型中小企业信贷风险补偿资金池，进一步发挥财政科技资金的引导和杠杆作用，加强科技要素和金融创新结合，促进科技成果的转化及产业化，推进高新技术产业的发展和产业结构转型升级。

（2）科技保险政策。

2011 年是科技保险政策实施首年，广州市开始建立政府部门、保险公司、科研机构、中介机构和科技企业共同参与的科技保险产品创新机制，支持保险公司根据广州市科技企业的不同特点和实际需求，开发更具针对性的专属产品。

2016 年，为推动科技保险服务创新，广州市各项政策明示要全面推进科技保险工作和国家专利保险试点工作，实行科技保险费率补贴，支持保险公司进一步扩大科技保险险种，将服务对象从高新技术企业扩大到科技企业。在新政策的支持下，仅一年时间，就有 191 家科技保险公司申请补贴项目，待受理金额达 1 364.88 万元，[①] 推动广州市科技保险行业不断向前发展。

4. 创业投资政策

作为广东省创业投资行业发展较为成熟的地区，广州市根据当地发展特点制定针

① 2018 年广州市科技与金融结合专项资金（补助补贴专题）项目受理名单。

对性强、独具特色的政策。从内容上看，广州市创业投资政策主要包括设立创业投资引导基金与提供股权投资机构补助两方面。

（1）广州市创业投资引导基金。

2010 年广州市出台《广州市创业投资引导基金实施方案》（穗科信字〔2010〕93 号），明确说明广州市创投引导基金的设立原则及步骤。引导基金的设立按照统筹规划、试点先行、分步实施、稳妥推进的原则，五年内政府引导基金控制在 20 亿 ~ 30 亿元，其资金来源包括广州科技风险投资公司（现有存量资金 4 亿元）、市财政新增科技经费投入及专项资金、各区财政投入、国家主管部门的创业投资引导基金和其他财政资金。

2014 年，广州市出台《广州市战略性新兴产业创投引导资金参股创业投资基金管理暂行办法》（穗发改高技〔2014〕61 号），对广州市战略性主导产业直投资金的申报审批程序、退出机制、资金监管等都做了明确的规范，进一步表明广州市政府对创投引导基金的重视与支持。

（2）广州市股权投资机构补助。

为进一步改善广州市金融服务业发展环境，引导各类股权投资机构集聚，广州市及各区政府出台一系列财政扶持、税收优惠和人才招引等奖励政策。广州市政府及各区对股权投资机构的具体扶持政策见表 8－3。

表 8－3　广州市政府及各区支持股权投资机构发展的扶持政策一览表[1]

	政策依据	奖励扶持政策
广州市	《广州市股权投资市场规范发展管理办法（征求意见稿）》	对于股权投资管理企业、创业投资管理企业人才在管理能力方面最高奖励 1 500 万元
	《广州市人民政府关于印发加快发展总部经济实施意见及配套文件的通知》	广州总部企业可获得最高 800 万元落户奖励，最高 200 万元租房补贴，以及其他总部企业优惠政策
	《市金融办、市人才工作局关于印发〈广州市高层次金融人才支持项目实施办法（试行）〉的通知》	对于高级金融人才最高给予 100 万元安家补贴，在人才落户、购房购车、子女入学等方面享受优惠待遇

① 广州股权投资行业协会 . http：//www. geia020. com/industry/detail/79.

（续上表）

	政策依据	奖励扶持政策
海珠区	《海珠区人民政府关于印发海珠区促进新兴金融集聚发展实施意见的通知》	新落户、新设立或区辖区现有的新兴金融机构获得市级金融业相关奖励补助的，按50%的比例最高给予200万元的区级配套 年度主营业务收入最高的予以一次性补助150万元
天河区	《广州市天河区产业发展专项资金支持高层次人才创新创业实施办法》（穗天组通字〔2015〕50号）	给予股权投资类企业管理团队最高一次性奖励300万元 根据经济贡献水平给予企业管理团队成员奖励 给予投资经理最高20万元奖励
广州开发区	《广州市黄埔区、广州开发区促进风险投资发展办法》	落户奖励最高2 000万元 经济贡献奖励最高按当年对区地方经济发展贡献的100%予以奖励 高管人才奖励 投资企业发展、项目引进奖励 办公用房补贴 鼓励集聚发展政策
番禺区	《番禺区促进万博基金小镇建设扶持办法》	办公用房租赁、购买补贴 最高1 500万元的规模发展奖励 投资贡献奖励、发展贡献奖励；金融人才奖励 创业投资引导基金优先支持区战略性新兴产业
花都区	《广州市花都区人民政府办公室关于印发花都区支持金融法人企业发展办法的通知》	设立五年奖励资金，以企业年度地方经济发展贡献部分为基数，前两年奖励100%，后三年奖励50%

（续上表）

	政策依据	奖励扶持政策
南沙区	南沙“1+1+10”系列产业政策体系	最高1 500万元的落户奖 根据对地方经济的贡献给予奖励，前两年按地方经济贡献的100%奖励，后三年给予最高60%奖励 对年纳税薪金30万元以上的中高级骨干人才给予每人每年最高200万元的奖励 对有限合伙人“利息、股息、红利所得”等投资性收益收入及“股权转让所得”收益收入按其对地方经济贡献的80%给予奖励 租用办公用房每年最高300万元场地补贴，补贴期限3年 新建或购置自用办公房产，最高给予100万元一次性补贴
从化区	《从化区人民政府办公室关于印发广州市从化区创建温泉小镇实施方案的通知》	最高100万元的购买办公用房补助 最高60万元的租房补贴 最高50万元的办公用房装修补助 最高300万元的落户奖励 地方经济贡献奖励：前三年按照其年度对地方经济社会发展贡献情况给予100%奖励，后两年按照其年度对地方经济社会发展贡献情况给予50%奖励 根据地方经济贡献水平给予高级管理人员奖励

在对股权投资机构的资金扶持政策上，广州市出台十分细致的专项意见，对股权投资项目的扶持对象、扶持范围、扶持条件等内容进行明确和细化。相较市级政策，各区政府对股权投资机构的扶持内容更加细致，补贴范围更广。

（二）政策体系特点

1. 政策文件数量不断增多

广州出台多项促进科技和金融结合的具有全局性、战略性的意见和办法。2010—2016 年，广州出台科技金融相关政策、法规和实施意见多达 24 项，尤其自 2015 年起，广州市推出含金量极高的“1 +9”科技创新系列政策，其中多项政策对科技金融的发展提出指导性建议。

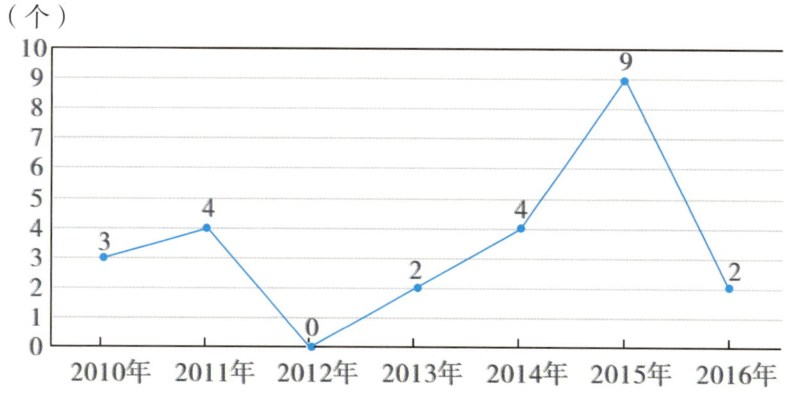

图 8 – 12　2010—2016 年广州市科技金融政策数量变动

2. 政策支持全方位覆盖

广州市从全局的角度出发，下发的政策文件涉及创业投资、科技信贷、资本市场、科技保险、科技担保、投融资服务等多个领域，每个领域包括多个专项工作内容，逐渐形成以市场为导向、全方位覆盖的科技金融政策体系。

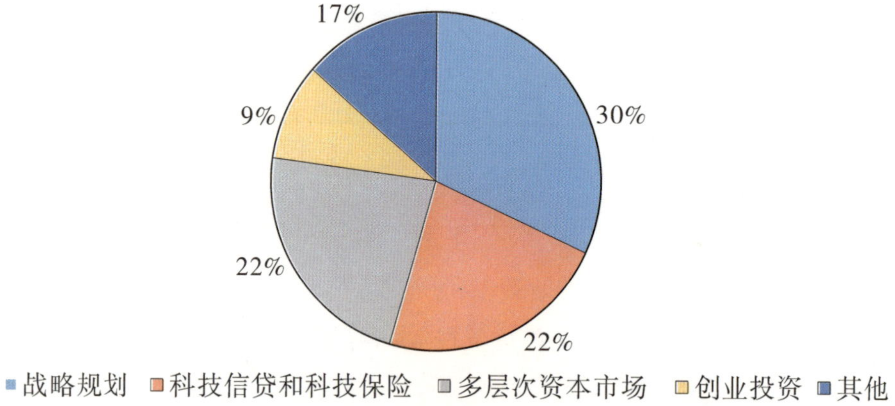

图 8 – 13　广州市科技金融政策支持领域分布图

一方面，广州市致力于从战略上促进科技金融发展，建立完善的科技金融服务体系；另一方面，广州市政府在促进科技金融发展的道路上不断探索创新，不仅大力支持多层次资本市场、科技信贷、科技保险、创业投资，对科技担保、互联网金融等新型融资模式也给予扶持，着力打造完善的广州市科技金融政策体系。

表 8－4　广州市科技金融政策一览表

政策方向	时间	文件名称	颁布部门
科技保险	2010－02－05	《关于大力推进广州保险业综合改革试验的意见》（穗府〔2010〕9 号）	广州市人民政府
创业投资	2010－06－28	《广州市创业投资引导基金实施方案》（穗科信字〔2010〕93 号）	广州市科技和信息化局、广州市发展和改革委员会、广州市财政局、广州市金融办
多层次资本市场	2010－10－20	《关于促进广州市股权投资市场发展的意见》（穗办〔2010〕10 号）	中共广州市委办公厅、广州市人民政府办公厅
多层次资本市场	2011－01－13	《关于加快广州产权交易市场发展的意见》（穗府办〔2011〕2 号）	广州市人民政府办公厅
科技担保	2011－04－21	《广州科技型中小企业贷款担保专项资金管理试行办法》（穗财教〔2011〕36 号）	广州市财政局、广州市科技和信息化局
战略规划	2011－05－19	《广州区域金融中心建设规划（2011—2020 年）》（穗府〔2011〕8 号）	广州市人民政府
科技保险	2011－12－01	《广州市科技保险试点工作方案》（穗金融〔2011〕53 号）	广州市金融办、广州市科技和信息化局
战略规划	2013－05－21	《关于支持广州区域金融中心建设的若干规定》（穗府〔2013〕11 号）	广州市人民政府

（续上表）

政策方向	时间	文件名称	颁布部门
战略规划	2013－11－25	《关于全面建设广州区域金融中心的决定》（穗字〔2013〕12号）	中共广州市委、广州市人民政府
小额贷款	2014－05－21	《广州小额贷款公司利用未分配利润发放贷款试行办法》（穗金融〔2014〕69号）	广州市金融办
多层次资本市场	2014－06－27	《关于支持广州股权交易中心加快发展的若干意见》（穗府办〔2014〕28号）	广州市人民政府
创投引导基金	2014－11－01	《广州市战略性新兴产业创投引导资金参股创业投资基金管理暂行办法》（穗发改〔2014〕61号）	广州市发展和改革委员会、广州市财政局
战略规划	2014－11－26	《广州战略性主导产业直投资金投资管理暂行办法》（穗发改高技〔2014〕62号）	广州市发展和改革委员会、广州市财政局
互联网金融	2015－01－29	《广州市人民政府办公厅关于推进互联网金融产业发展的实施意见》（穗府办〔2015〕3号）	广州市人民政府办公厅
小额贷款	2015－06－09	《广州市金融工作局关于印发〈广州市政策性小额贷款保险试点实施办法〉的通知》（穗金融〔2015〕63号）	广州市金融工作局
财政科技投入	2015－07－14	《广州市人民政府办公厅关于促进新型研发机构建设发展的意见》（穗府办〔2015〕2号）	广州市人民政府办公厅
战略规划	2015－07－15	《广州市人民政府关于加快科技创新的若干政策意见》（穗府〔2015〕10号）	广州市人民政府

（续上表）

政策方向	时间	文件名称	颁布部门
战略规划	2015－07－16	《中共广州市委广州市人民政府关于加快实施创新驱动发展战略的决定》（穗字〔2015〕4号）	中共广州市委、广州市人民政府
多层次资本市场	2015－07－21	《广州市人民政府关于进一步发展和利用资本市场的若干意见》（穗府〔2015〕19号）	广州市人民政府
科技信贷	2015－09－09	《关于印发〈广州市科技型中小企业信贷风险补偿资金池管理办法〉的通知》（穗科创〔2015〕11号）	广州市科技创新委员会、广州市财政局
众创空间	2015－11－27	《广州市支持众创空间建设发展若干办法》（穗科创〔2015〕14号）	广州市科技创新委员会
战略规划	2015－12－29	《广州市人民政府办公厅关于印发广州市促进科技成果转化实施办法的通知》（穗府办〔2015〕57号）	广州市人民政府办公厅
孵化器	2016－04－27	《广州市科技企业孵化器管理办法》（穗科创字〔2016〕88号）	广州市科技创新委员会
多层次资本市场	2016－10－17	《广州市股权交易中心挂牌企业股权质押融资贴息资金管理办法（修订）》（穗金融〔2016〕89号）	广州市金融工作局

（三）政策实施效果

在“1＋3”科技金融政策的指导下，广州市科技金融发展取得显著的成效。在实现了各项政策的主要目标的基础上，分析广州市科技金融政策的总体实施效果（见表8－5），可以为广州市政府科技金融政策走向提供合理的依据。

表 8-5 广州市科技金融政策效益评价表

政策类别	主要政策目标	实现情况	实现程度
多层次资本市场	广州股权交易中心在 2017 年前挂牌企业超过 2 000 家	2016 年底广州股权交易中心累计挂牌企业数 5 646 家；至 2017 年 8 月，广州市挂牌企业 420 家	高
科技信贷	完善金融机构融资产品，建立科技信贷专营机构	2012 年成立全省首家科技支行，至 2017 年 6 月，商业银行建立科技专营机构 17 个①	高
科技保险	先行选择科技企业较为集中的广州开发区开展科技保险试点，条件成熟后，试点范围推广至广州市各区、县级市	申请 2018 年广州市科技保险保费补贴的 192 家企业，除了广州开发区，主要集中于天河区（44 家）、黄埔区（32 家）、番禺区（15 家）	中
创业投资	2010—2015 年设立 20 亿～30 亿元规模政府引导基金	2015 年广州市集聚 20 多亿元的创业投资引导基金，吸引社会资本 100 亿～150 亿元②	高

从政策的实现程度来看，截至 2017 年 6 月，广州市已建立科技专营机构 17 个，营造了良好的科技信贷氛围；至 2016 年底广州股权交易中心挂牌、展示企业数 5 646 家，实现融资和流转交易总额 1 718.57 亿元，成为立足广州、服务全省、辐射华南的国内一流股权交易平台和区域性股权交易市场；科技保险和首套保险分别为科技创新型企业和装备制造企业提供 559.9 亿元和 85.9 亿元的风险保障③，科技保险效果明显，但试点的推广程度不够高，政策的实施还需进一步加强；政府引导基金效果显著，很好地带动了广州市创投行业的发展。总体来看，广州市科技金融政策实现高效益实施，逐步推动广州市形成以多层次资本市场、科技信贷、科技保险为支撑的科技金融体系。

---

① 穗府信息，2017-07-03.

② 贾康，等.我国科技金融服务体系研究（下）——建设科技型中小企业科技金融服务体系的实践开拓.北京：经济科学出版社，2015：87.

③ 广州市金融工作局.2017 广州金融发展形势与展望，2017.

第九章　广东省科技金融发展指数

本章集中发布广东省科技金融发展指数，连续监测广东省科技金融九年间发展动态，总体评价科技金融发展的当前水平与变化、特征，预测未来走势。对科技金融发展指数指标的内涵、指标体系构建以及指标算法进行详细论述和说明，测算广东省科技金融发展指数，并利用聚类分析进行全国范围的比较分析，结合横比纵比方法深入剖析广东省各地市的科技金融发展指数，明晰广东省科技金融在不同时间、不同地域的整体发展情况。

一、科技金融发展指数的内涵

科技金融的概念和范畴处于不断演变的过程中，一般认为，科技金融属于金融的范畴，指科技产业与金融产业相互联系，促进社会发展的一个动态过程。因此，科技金融发展指数的研究也是一个动态的过程。目前科技金融发展指数体系没有成熟的理论框架，不同的学者从不同的视角构建了相应的指标体系并进行研究。科技金融发展指数系统是一套以科技金融理论为支撑，用于跟踪、反映中国各地区及世界主要国家科技金融发展轨迹、衡量发展状况、评价发展潜力和预测发展趋势的指标体系系统和系统分析方法①。

科技金融发展指数是在科技金融指标系统的基础上提出来的，强调科技金融的成长性和发展潜力。从指标体系的构建上来看，它属于科技金融专门指数的范畴，从多个维度构建分类指数或二级指数，相对较为全面地反映了科技金融的发展状况，并对各分类指数设置的不同权重予以综合。因此，科技金融发展指数能够较为客观地反映地区的科技金融发展状况以及发展潜力。

二、科技金融发展指数指标体系的建立

（一）科技金融发展指数设计特点

科技金融发展指数的设计既遵循一般的综合发展评价体系的基本原则，又具有其

① 赵昌文，陈春发，唐英凯．科技金融．北京：科学出版社，2009：24.

独特性。本章科技金融发展指数体系的设置主要参考科技部发布的《国家高新技术产业开发区指标体系》和商务部发布的《国家级经济技术开发区综合投资环境评价办法（修订稿）》等资料。在指标的选取上，从支撑性、投入性和产出性等不同角度出发，尽可能使同一层次的指标具有独立性；用效率等比型指标，不用总量等规模指标，以消除总量或规模等政策覆盖面的差异性影响；尽可能选用能够量化的指标，并按可操作性的原则选取指标。科技金融发展指数在构建过程中，主要考虑以下要素：

第一，指标的可度量性。选取的指标是可量化、客观存在的指标，能够最大限度地避免主观判断对科技金融发展的影响。此外，选择的指标能够获得权威的数据。有些指标尽管从理论角度来看，具有较高的意义，但是缺乏权威的数据支撑，按照宁缺毋滥的原则，暂时不予采纳。

第二，选择相对量指标。由于我国各地区科技金融发展程度不同，在规模、体量方面存在较大差异，为了保证各地区的可比性，选择相对量指标。

第三，从多维度构造指标体系。科技金融发展涵盖多个维度，为了最大限度地客观反映科技金融发展水平，选择多个指标反映科技金融发展的特征。

本章科技金融发展指数由一级指标和二级指标构成。其大致结构见图 9 – 1。

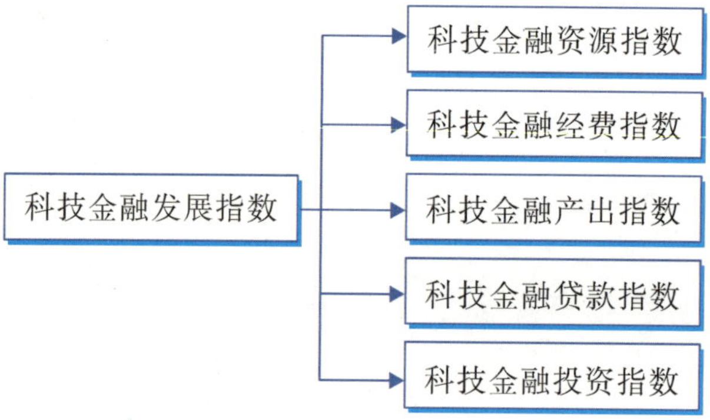

图 9 – 1　指标体系结构图

（二）二级指标体系的建立

本章的科技金融发展指数体系由五个一级指标和九个二级指标组成。五个一级指标包括科技金融资源指数、科技金融经费指数、科技金融产出指数、科技金融贷款指数和科技金融投资指数。科技金融资源指数从人力资源和研发机构资源两方面衡量科技金融投入的资源；科技金融经费指数从财政支持力度和研发经费两方面衡量科技金融的经费情况；科技金融产出指数从技术市场合同成交额度、专利申请授权数量和高新技术产业净利润的角度衡量科技金融产出情况；科技金融贷款指数从科技行业在金融市场贷款额度的角度衡量科技金融支持力度；科技金融投资指数主要从科技投资额方面去衡量。

下面对指标的具体含义和计算方法进行解释和说明。

（1）科技人力资源指数 = 科技人员数量/地区总人口。这里科技人员数量是指从事科技活动的人员数量。具体地，我们用高新技术企业中从事科研活动的人员的数量来代替这一指标。

（2）科技研发资源指数 = 研发机构数量/地区总人口。这里研发机构数量是指从事高新技术活动的机构数量。具体地，我们用高新技术企业数量来代替这一指标。

（3）财政支持指数 = 财政科技拨款/财政支出。财政科技拨款是指地方公共财政用于科学技术的支出。该指标说明某区域的行政机构对该地科研活动的支持力度。

（4）研发经费指数 = 科技研发费用支出/国内生产总值。科技研发费用支出指的是从事高新技术活动的经费支出。具体地，我们用高新技术企业从事科研活动的内部支出来代替这一指标。该指标一定程度上显示某区域的高新技术活动发展程度。

（5）技术市场成交指数 = 技术市场成交合同金额/科技研发费用支出。其中，技术市场成交合同金额是指在从事高新技术中介服务和技术商品经营活动的场所进行合同交易的总金额。

（6）专利产出指数 = 专利申请授权量/科技研发费用支出。其中，专利申请授权量是指发明人和设计人的发明创造经审查合格后，由专利局依据专利法授予发明人和设计人对该项发明创造享有的专有权的总数量。

（7）高新产业产出指数 = 高新技术产业净利润/科技研发费用支出。其中，高新技术产业净利润是指某一行政区域内的高新技术企业经营活动净利润总额。

（8）科技金融贷款指数 = 科技活动落实贷款资金/科技研发费用支出。

（9）科技金融投资增长率 = 当年科技金融投资额/基年科技金融投资额。

二级指标体系基本构成见表 9 – 1。

表 9－1　指标体系结构及其算法说明

一级指标	二级指标	算法
科技金融资源指数	科技人力资源指标	科技人员数量/地区总人口
	科技研发资源指标	研发机构数量/地区总人口
科技金融经费指数	财政支持指数	财政科技拨款/财政支出
	研发经费指数	科技研发费用支出/国内生产总值
科技金融产出指数	技术市场成交指数	技术市场成交合同金额/科技研发费用支出
	专利产出指数	专利申请授权量/科技研发费用支出
	高新产业产出指数	高新技术产业净利润/科技研发费用支出
科技金融贷款指数	科技金融贷款力度	科技活动落实贷款资金/科技研发费用支出
科技金融投资指数	科技金融投资增长率	当年科技金融投资额/基年科技金融投资额

三、科技金融发展指数的算法

（一）指数的算法

本章设计的科技金融指数是综合发展指数，是从金融资源、金融经费、金融产出、金融贷款以及金融投资五个维度测量的综合性指数，每一维度均有具体的细分指数，每个细分指数又可分为一个或若干个指标。其测评方法主要借鉴了联合国确立的人类发展指数（HDI）的测量方法，基本思路是根据每个评价指标的上、下限阈值来计算单个指标指数（无量纲化），指数一般在0和100之间，再根据每个指标的权重最终合成综合发展指数。此种方法测算的指数不仅横向可比，而且纵向可比；不仅可以比较各省（区、市）综合发展的相对位次，也可以考察每个省（区、市）综合发展的历史进程。

一般情况下，在计算单个指标指数时，首先必须对每个指标进行无量纲化处理，而进行无量纲化处理的关键是确定各指标的上、下限阈值。指标的上、下限阈值主要是参考研究期间和范围内相应指标的最大值和最小值，以及全面建成小康社会标准值。无量纲化，也叫数据的标准化，是通过数学变换来消除原始变量（指标）量纲影响的方法。下面介绍基期年份指标和非基期年份指标的计算方法，它们均体现阈值的设置和标准化处理过程。

（1）基期年份指标计算方法。

首先设定单项指标在基期年份的得分。单项指标在基期年份的最小值和最大值分别为0和100。在基期年份，最小值0代表该地区在该项指标上发展最差，最大值100代表该地区在该项指标上发展最好。每项指标得分的计算方法如下：

$$\text{第 } i \text{ 个指标得分} = \frac{x_i - x_{\min}}{x_{\max} - x_{\min}} \times 100$$

其中，x_i 为某地区第 i 个指标的指标值，$x_{\min}$ 为各地区基期第 i 个指标的最小指标值，$x_{\max}$ 为最大指标值。然后，将同一类别的二级指标加权计算成一级指标，即科技金融发展的分指数，科技金融发展的三项分指数再加权计算，可得出总指数。由于各地区科技金融分指数与总指数都是由每个指标加权计算而得，因此各项指数也在0到100的范围之内。

（2）非基期年份指标计算方法。

非基期年份指标可以反映科技金融发展状况的时间轨迹。对于非基期年份各项指标，采取如下的计算方法：

$$\text{第 } i \text{ 个指标 } t \text{ 年得分} = \frac{x_{i(t)} - x_{\min(0)}}{x_{\max(0)} - x_{\min(0)}} \times 100$$

其中下角标 t 表示年份，下角标0表示基年。非基期年份指标的最小值可以小于0，最大值可以大于100。

（二）权重的设置及指数的合成

1. 权重的设置

权重值的确定直接影响综合评估的结果，权重值的变动可能引起被评估对象优劣顺序的改变。所以，合理地确定综合评估中各主要因素指标的权重，是综合评估能否成功的关键问题。本章指标体系采取算术平均法确定各级指标的权重。随着科技金融研究的不断深入，权重设置的方式也将不断地加以调整和完善。

2. 分类指数和综合发展指数的合成

本指标体系的建立包括三个分类指数和综合发展指数。

分类指数包括科技金融资源指数、科技金融经费指数和科技金融产出指数。将每一个分类指数所有指标无量纲化后的数值与其权重按公式计算就可以得到分类指数。计算公式如下：

$$I_i = \frac{\sum Z_j W_j}{\sum W_j}$$

其中，I_i 为分类指数，W_j 为权重，Z_j 为无量纲化后的值。

综合发展指数由指标体系中的七个指标无量纲化后的数值与其权重按公式计算可以得到。计算公式如下：

$$I = \frac{\sum_{i=1}^{7} Z_i W_i}{\sum_{i=1}^{7} W_i}$$

其中，I 为综合发展指数，W_i 为权重，Z_i 为无量纲化后的值。

四、广东省科技金融发展指数结果分析

（一）全国各地区科技金融发展指数

建立指标体系需要考虑数据的客观真实性以及可获得性。全国各地区科技金融发展指数数据主要来源于《中国科技统计年鉴》。受数据可获得性的影响，指标体系中将科技金融发展指数的基年定为2007年。数据样本期间为2007—2015年，但2013年和2014年的部分有效数据难以获得，因此，出现了计算结果的缺失。

1. 全国各地区科技金融发展指数分析

根据上述计算方法和指数合成方法进行计算，可得到全国31个省、自治区和直辖市的科技金融发展指数，具体见表9－2。

表 9-2　全国各地区 2007—2015 年科技金融发展指数

地区	2007 年	2008 年	2009 年	2010 年	2011 年	2012 年	2013 年	2014 年	2015 年
北京	62.40	59.94	47.98	51.70	51.72	55.43			66.90
上海	30.67	29.37	37.23	35.90	35.16	37.55	38.81	38.90	39.39
天津	18.74	17.71	18.50	18.83	19.39	21.55			27.26
江苏	16.72	15.31	16.23	17.85	20.58	23.24	25.98	25.48	25.66
广东	17.77	15.30	18.90	19.21	16.53	19.10	22.23	19.62	24.38
安徽	7.65	7.94	8.57	10.95	12.18	14.38			24.02
浙江	16.27	17.28	16.70	17.70	17.47	19.70	21.85	22.26	22.90
重庆	8.42	8.08	9.33	9.61	9.29	9.97			21.25
广西	6.20	6.18	4.07	4.83	5.76	8.41			20.20
湖北	8.87	8.83	11.59	10.18	12.84	11.33			17.95
山东	10.06	10.70	9.99	10.74	12.27	13.60			16.57
宁夏	11.51	13.47	5.62	5.16	6.23	7.82			16.55
甘肃	11.22	15.50	11.85	13.45	9.73	14.58			15.24
陕西	12.94	8.25	12.93	10.22	14.96	22.59			14.52
四川	5.92	5.56	10.07	6.90	12.66	13.69			13.40
西藏	14.03	2.77				20.01			13.07
福建	8.44	8.07	10.18	10.56	7.99	9.26			12.43
贵州	6.63	5.34	11.68	7.58	7.11	8.06			11.92
黑龙江	9.15	8.65	11.53	8.89	5.23	17.79			11.15
辽宁	20.83	23.30	26.95	23.40	21.17	30.27			10.43
吉林	6.67	6.30	14.73	11.42	7.94	7.70			9.66
青海	18.10	15.61	10.79	7.59	8.21	14.35			9.27
江西	4.23	4.74	5.19	9.18	5.74	4.55			8.31
湖南	9.88	9.04	7.43	7.87	7.79	7.58			8.16

（续上表）

地区	2007年	2008年	2009年	2010年	2011年	2012年	2013年	2014年	2015年
河南	6.52	6.17	5.78	6.24	7.11	7.88			7.79
海南	7.06	9.32	10.33	16.41	11.36	11.64			6.27
云南	5.84	3.48	6.88	6.77	7.00	6.31			5.96
山西	6.44	4.90	4.52	5.16	5.63	5.78			5.48
河北	5.08	13.49	6.86	5.34	4.59	4.92			5.41
新疆	6.46	6.02	25.03	6.95	6.16	10.50			4.64
内蒙古	5.23	5.73	28.54	13.59	12.17	6.15			1.96

从全国来看，科技金融发展指数整体呈现上升的趋势。表现较为突出的是北京、上海、天津、江苏以及广东等地，这主要是由于地方政府在科技金融发展方面的投入逐步加大，高新技术企业的数量和科研人员逐步增多。

全国各地的科技金融发展指数差别较大。不同区域经济发展程度的差异以及各地政府对当地科技金融重视程度的差异，最终导致全国各地科技金融发展指数的差异。另外，从时间维度看，随着时间的推移，这种差异呈现出扩大的趋势。从表9-3可以看到，2007—2015年科技金融发展指数的标准差从10.99增加至12.53，表明全国各地区的科技金融发展差异正不断扩大。

表9-3 2007—2015年全国各地区科技金融发展指数差异

年份	地区数	极小值	极大值	均值	标准差
2007	31	4.23	64.20	12.45	10.99
2008	31	2.77	59.94	12.01	10.74
2009	31		47.98	13.74	10.23
2010	31		51.70	12.59	9.99
2011	31		51.72	12.32	9.94
2012	31	4.55	55.43	15.00	10.76
2015	31	1.96	66.90	16.06	12.53

注：2013年和2014年数据缺失。

2. 科技金融发展指数聚类分析

全国各地的科技金融发展指数存在较大的差异，从数据分析结果可以定量分析科技金融发展区域的具体情况。

这里选用 2015 年 31 个省、自治区、直辖市的科技金融发展指数作为研究对象进行聚类分析。聚类方法是选用组间平均连接法，即采用欧氏距离的测量方式，使得两个类别之间的平均距离最小。

聚类分析的结果可从下面冰柱图进行直观聚类。由图可知，全国 31 个省、自治区、直辖市可以大致分为五类。

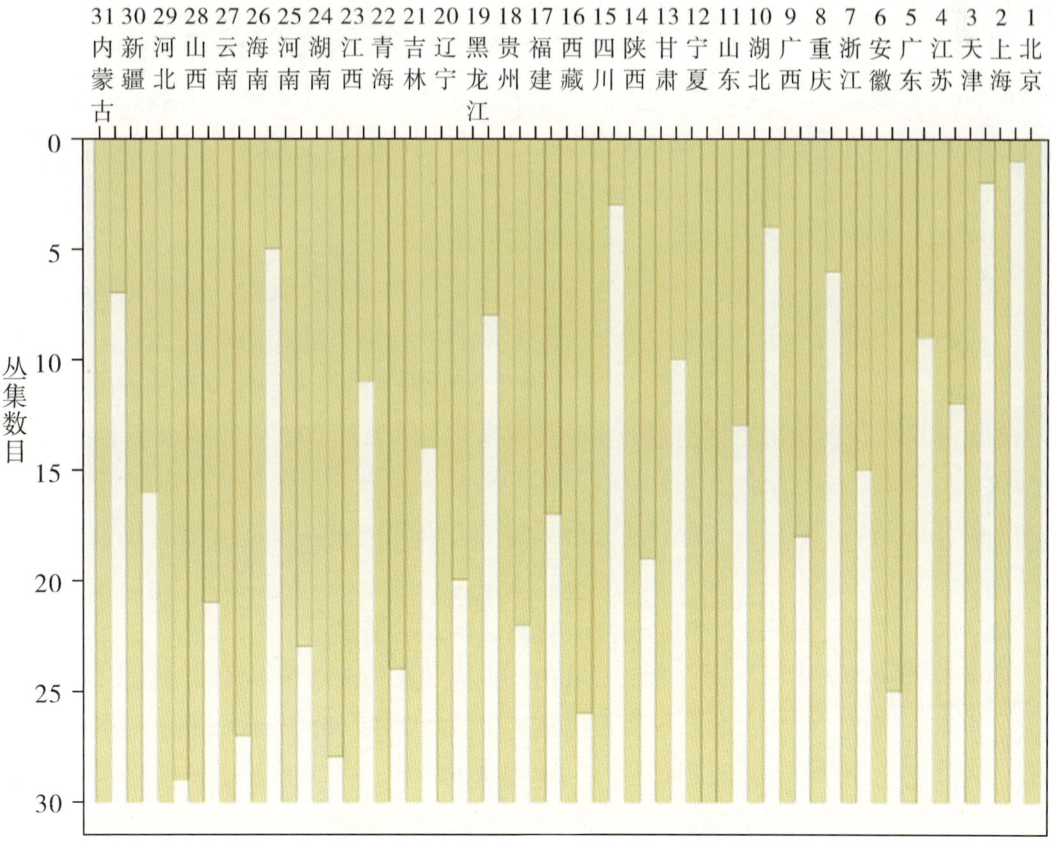

图 9－2　科技金融发展指数冰柱图

第一类：北京

北京作为中国的首都，是政治经济及文化中心，区域经济实力较强，高新技术行业和金融业的发展规模与速度均处于全国领先水平。在此背景下，科技金融的发展成为北京市经济发展的必然要求，能够在一定程度上促进金融业和高新技术行业的深入发展，从而在整体上促进北京市经济持续、健康、快速发展。

整体来看，北京市经济发展速度较快，处于全国较高水平，如2007年北京市生产总值为9 846.81亿元，2015年则上升至22 986.59亿元。经济实力的逐步提升和北京市政府对科技金融的重视使得科技金融行业获得的财政扶持力度逐步增强，用于科学技术领域的地方公共财政支出由2007年的90.74亿元增加至2015年的287.80亿元，这也是北京市科技金融持续快速发展的重要原因。

第二类：上海

上海作为中国重要的经济中心，其经济发展水平较高，高新科技行业和金融业均处于全国较高水平。高新技术企业和从事科学研究的工作人员的数量较多，2007年上海市高新技术企业进行科研活动的人员为18万人，2015年该数字上升至46万人；2007年高新技术企业2 677家，2015年增加至5 969家。快速增加的科技机构和科技人员促进了上海市高新科技行业的发展。作为中国的金融中心，上海市的金融业发展处于全国领先水平。另外，上海市政府在科技金融领域的资金和政策支持也在一定程度上促使其成为中国科技金融行业的佼佼者。

第三类：天津、江苏、广东、安徽、浙江、重庆

天津、江苏、广东、安徽、浙江和重庆属于经济强省或直辖市，整体的经济实力较强，金融业和高新技术行业的发展状况较好。科技金融行业作为新兴行业，其发展状况与金融业和高新技术行业的发展息息相关，在整体经济发展水平较高的基础上，第三阵营省份的科技金融发展指数处于较高水平。另外，从2007—2015年科技金融发展指数数据来看，指数呈现上升趋势，说明经济强省或直辖市的科技金融行业呈现健康向上的发展趋势，而科技金融行业的健康发展能够同时进一步促进整个区域经济的持续发展。

第四类：广西、湖北、山东、宁夏、甘肃、陕西、福建

第四阵营的省区中，福建省为沿海城市，地理和经济发展水平较高，其余的广西、湖北、山东、宁夏、甘肃和陕西则属于内陆省区。从2015年的科技金融发展指数可以看到，内陆省区的科技金融发展指数有一定幅度的上升，这主要是由于内陆省区的经济结构改革促进经济水平的提升，同时地方政府在科技金融产业发展方面的支持力度也在不断上升，因此内陆省区虽然整体的经济发展程度有待提高，但科技金融发展指数反映这些省区在科技金融行业取得了显著进步。

第五类：四川、西藏、贵州、黑龙江、辽宁、吉林、青海、江西、湖南、河南、海南、云南、山西、河北、新疆、内蒙古

从2015年的科技金融发展指数可以看到，第五阵营的省区大部分为内陆省区，经济综合发展水平一般，科技创新能力相对较弱。面对国家针对区域经济发展的各种扶持政策的出台以及地方经济转型等机遇，第五类集群的省区在科技金融领域仍会有较大的发展空间。

（二）广东省科技金融发展指数分析

2007—2015 年广东省的科技金融发展指数走势如图 9－3 所示，基本呈现上升趋势，红色线条为科技金融发展指数的趋势线。广东省的科技金融发展实力逐步增强与当地政府的有力支持密不可分。据广东省财政厅的数据显示，2007 年用于科学技术方面的财政支出为 119.26 亿元，2015 年该数据攀升到 547.64 亿元，即当地财政在科学技术方面的支持幅度上升了 3.59 倍。财政支持力度的大幅上升体现出当地政府对科技金融发展的重视程度不断上升，未来广东省的科技金融发展状况将继续保持快速发展态势。

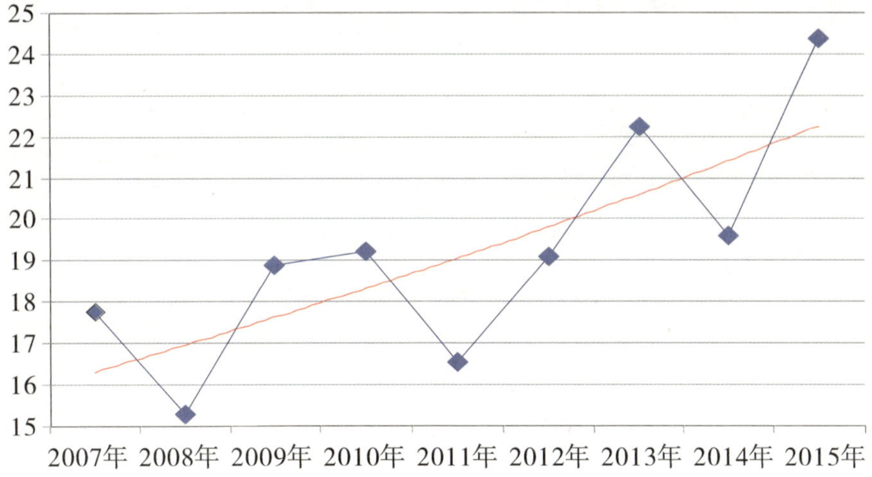

图 9－3　2007—2015 年广东省科技金融发展指数走势

1. 广东省科技金融发展指数预测分析

在目前发展状况以及经济结构不变的情况下，我们可以对广东省未来的科技金融发展指数做出相应的预测分析。

选用灰度预测方法，以 2007—2015 年的广东省科技金融发展指数作为样本数据，即可得知 2016 年至 2018 年的科技金融发展指数。

灰色预测一般以一个变量的一阶方程 GM（1，1）来进行，利用等时间距离观测到的、反映预测对象特征的序列构造灰色预测模型。

实证分析结果显示，建立的预测模型的相对精度为 92%，预测等级较高。历史指数值和预测拟合值的比较见图9－4。

分析结果表明，2016—2018年，广东省科技金融发展指数的预测值分别为24.04、25.25和26.52。即广东省在现有经济结构的背景下，随着政府部门重视程度的加强以及广东省经济发展水平的不断提升，未来三年广东省的科技金融发展指数将保持较快的发展速度，科技金融的发展将进入一个新的发展阶段。

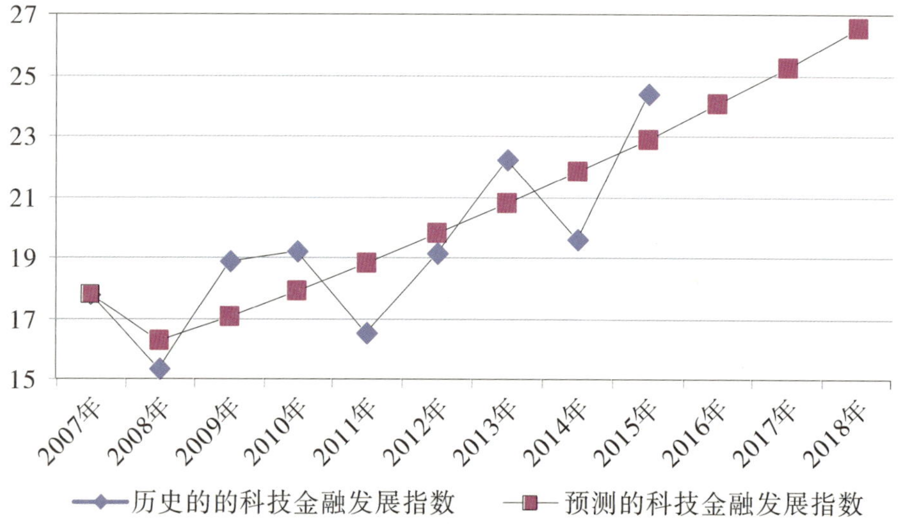

图9－4　广东省科技金融发展指数走势

2. 广东省各市科技金融发展指数分析

受数据获取的限制，本章仅对广东省的广州市、深圳市、珠海市等九个城市的科技金融发展指数进行比较分析。指数的构造与上面介绍的方式基本类似，但具体仍有一定的差异。

广东省各市科技金融发展指数的基础数据均来源于《广州市统计年鉴》《深圳市统计年鉴》等。指标体系仍采用二级分类，具体分类见表9－4。

表9－4　指标体系结构及其算法

一级指标	二级指标	算法
科技金融资源指数	科技人力资源指数	科技人员数量/地区总人口
	科技研发资源指数	研发机构数量/地区总人口
科技金融经费指数	科技金融经费指数	科技研发费用支出/国内生产总值

（续上表）

一级指标	二级指标	算法
科技金融产出指数	高新产业产出指数	技术市场新产品产值/科技研发费用支出
	专利产出指数	专利申请授权量/科技研发费用支出
财政支持指数	财政支持指数	科学技术方面的财政一般预算支出/财政一般预算支出
科技金融贷款指数	科技金融贷款指数	科技活动落实贷款资金/科技研发费用支出
科技金融投资指数	科技金融投资增长率指数	当年科技金融投资额/基年科技金融投资额

利用上述指标体系进行计算，可以得到广东省九市的科技金融发展指数，结果见表9－5。

表9－5　广东省九市的科技金融发展指数

	深圳	广州	佛山	东莞	珠海	汕头	惠州	云浮	茂名
2010	60.09	26.59	30.05	28.00	16.63	18.10	10.11	8.71	4.65
2011	54.61	28.31	30.16	27.83	17.51	14.55	15.22	10.00	5.99
2012	53.15	36.19	24.65	14.03	18.62	19.74	11.91	10.85	6.92
2013	55.64	25.63	25.20	13.21	17.12	18.08	11.70	10.95	6.47
2014	50.48	25.24	23.27	12.58	11.87	15.66	21.21	9.60	6.49
2015	57.49	35.67	31.17	20.15	19.38	18.42	16.23	12.69	8.14

从表9－5提供的一级指标可以看到，2015年广东省九市中，深圳市的科技金融发展指数最高，其次是广州市，其排名情况见图9－5。

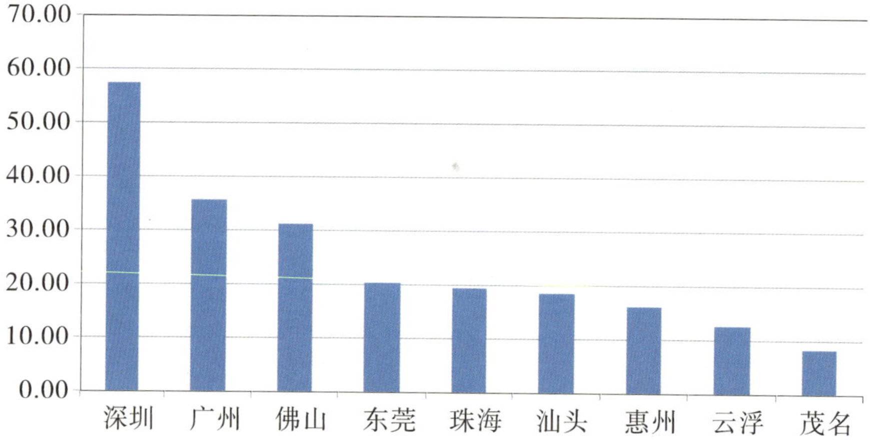

图9-5 2015年广东省九市的科技金融发展指数排名

（1）广州市科技金融发展指数分析。

广州市作为广东省的省会，其科技金融发展状况一定程度上具有代表性，广州市二级指标的分析结果见表9-6。

表9-6 广州市二级指标分析结果

	2010年	2011年	2012年	2013年	2014年	2015年
科技人力资源指数	21.33	22.49	23.96	24.51	24.26	24.10
科技研发资源指数	51.42	64.04	50.69	53.70	56.20	99.72
科技金融经费指数	15.99	16.40	16.91	15.53	16.44	16.80
高新产业产出指数	29.71	32.61	34.24	38.41	35.33	33.46
专利产出指数	13.93	14.32	15.32	17.45	16.37	21.10
财政支持指数	33.64	37.50	40.45	40.80	40.93	54.43
科技金融贷款指数	42.94	32.07	99.74	9.52	2.75	3.21
科技金融投资增长率指数	3.75	7.03	8.21	5.15	9.62	94.25
科技金融发展指数	26.59	28.31	36.19	25.63	25.24	35.67

从广州市二级指标的变化趋势可以看出，科技人力资源指数和科技研发资源指数都呈现增长趋势，其中科技研发资源指数增加，是由于在近几年广州市政府出台新的

人才引进政策并加大广州市人才引进的优惠力度，从而吸引大量高科技研发人员流入。同时，广州市对科研机构的税收优惠、投资优惠以及专项资金支持等政策，促进科研机构迅速发展。科技金融经费指数的增长说明广州市政府对于科技创新产业逐步加大财政支持力度和研发经费支出力度，这一点从财政支持指数的较快增长也可以看出。高新产业产出指数以及专利产出指数的增长表明广州市技术市场合同成交额度、专利申请授权数量和高新技术产业净利润等都有所增加。科技金融贷款指数波动较大，是因为高新技术行业的融资渠道日益丰富，融资手段趋向多样化，从金融机构获取资金扶持已经不是唯一的渠道。2015 年广州市的科技金融发展指数为 36.67。在样本选取的范围内，广州市科技金融发展指数位列广东省第二位。

（2）深圳市科技金融发展指数分析。

2010—2015 年深圳市科技人力资源指数是 79.39、92.24、99.98、91.82、85.80、70.89，科技金融经费指数是 73.91、80.61、79.18、80.33、92.67、99.83，一直处于较高水平。2015 年深圳市科技人力指数为 85.80，科技金融经费指数为 92.67，远高于其他市。这说明，深圳市在科技人力资源以及科技金融经费支出方面都处于全省领先水平。

吸引高科技人才，是深圳的重中之重，为此深圳推出一系列优惠政策。2011 年，深圳开始推出致力于引进海外高技术人才的“孔雀计划”项目，对纳入该项目的个人或单位，提供奖励补贴、居留落户等待遇，其中，对引进的世界一流团队给予最高专项资助达 8 000 万元。2015 年，深圳发布《青年创新创业人才选拔扶持实施方案》，计划用五年时间，每年重点选拔不超过 40 名优秀创新创业青年人才，纳入高层次后备级人才。2016 年 5 月 4 日，深圳专门服务青年的项目“青年房卡计划”启动，预计到 2018 年底推出 2 万套青年公寓，用以推动解决应届毕业生来深就业过渡期的居住问题。其中，政府提供的物业在过渡期内（1～3 年）按照保本和微利原则收取租金，为更为广泛的人才提供住房保障。

深圳市每年从科技研发资金中安排 1 000 万元，用于科技金融服务体系建设和完善，包括创投服务、科技金融人才培训、信用体系服务、投贷联动服务、科技金融高端论坛等。支持和鼓励开展区域性交易市场融资，中小企业集合债、区域集优债等科技金融创新业务，单个项目最高资助 100 万元，项目单位为企业的，资助比例最高为合理费用的 50%，目的是引导金融机构和相关服务机构加大对科技创新倾斜力度，促成银行、证券、保险、投资、担保等机构之间的互动，加强其与政府科技研发资金有机结合，全面形成高效运转的科技创新金融支撑服务体系。

人才和经费的强有力支撑为深圳市科技金融行业的领先地位奠定了基础。另外，值得注意的是，深圳市财政支持指数也明显高于广州市。2015 年深圳市的财政支持指数为65.06，而同期广州市的该指数为54.33，表明深圳市政府对科技金融产业给予有力支撑，为深圳市科技金融发展提供了良好的政策环境。其他二级指标均保持较为稳定的发展态势。2015年深圳市科技金融发展指数为57.49，在样本选取的范围内位列第一。

广州市和深圳市科技金融发展指数比较分析

广州市科技金融行业发展状况在全省处于较高的水平，但整体状况均弱于深圳市。这主要是由城市职能决定的：广州市是广东省经济、文化和政治中心，城市综合发展程度更高。如2016年广州市的国民生产总值为18 100亿元，高于深圳市的17 502亿元，即广州市的经济发展总量要高于深圳市。

深圳市的高新技术产业以及金融文化产业已经成为其发展的支柱型产业，高新技术企业以及从事科学研究的人员众多，且科技金融行业发达程度处于全国较高水平。科技金融发展指数作为衡量科技金融发展状况的指标，考虑的侧重点在于科技金融产业，而非城市的综合发展。因此，从数据上看，广州市的科技金融发展指数明显低于深圳市。

2010—2015年，广州市GDP分别为10 7482 828万元、124 234 390万元、135 512 072万元、154 201 434万元、167 068 719万元、181 004 136万元；深圳市的GDP分别为97 733 062万元、115 158 598万元、129 714 672万元、145 726 689万元、160 018 207万元、175 028 634万元。广州市经济发展状况优于深圳市，但科技金融发展指数弱于深圳市，其发展态势见图9－6。

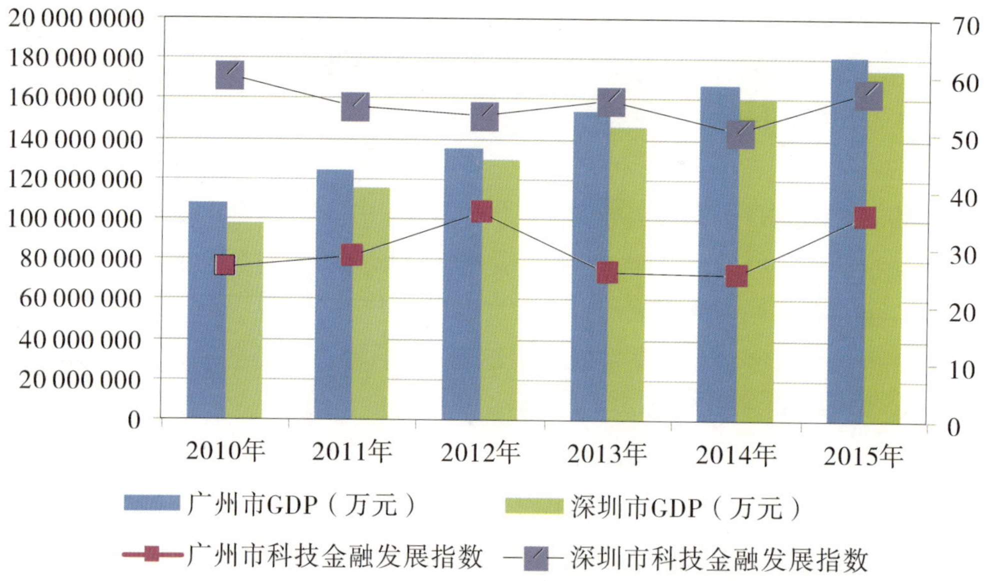

图9－6 广州市、深圳市的GDP与科技金融发展指数波动状况

（3）佛山市科技金融发展指数分析。

2010—2015 年佛山市科技人力资源指数分别为 50. 13、74. 46、46. 11、47. 94、49. 39、62. 73，后三年增长速度较快，说明佛山市科技人员数量在快速增加。科技金融经费指数基本保持稳定。2010—2015 年，该指标分别为 28. 36、24. 65、28. 16、27. 86、28. 49、28. 03，表明佛山市科技研发经费支出在当地国民收入中的占比基本稳定，随着经济水平的提升，科技研发经费也相应提升。2010—2015 年佛山市财政支持指数分别为 32. 00、34. 21、40. 45、34. 58、29. 86、39. 40，说明佛山市政府对高新技术行业的资金支持保持较高水平，体现了佛山市政府对高新技术行业的重视程度较高。

佛山市的科技金融二级指标大部分呈现一定的波动，且 2015 年大部分指标均处于该指标的历史较高水平。指标的波动情况一定程度上反映了佛山市经济的整体运行状况，而各指标在 2015 年均呈现历史较高水平，说明当地政府近年来对科技金融的重视程度在加强。

2015 年佛山市科技金融发展状况较好，在样本选取的范围内，佛山市的科技金融发展指数位列广东省第三位。2010—2015 年，佛山市 GDP 分别为 56 226 319 万元、61 796 814 万元、65 791 838 万元、70 106 822 万元、74 415 994 万元、80 039 186 万元。佛山市国民生产总值以及科技金融的发展状况可以用下图 9 - 7 直观表示。

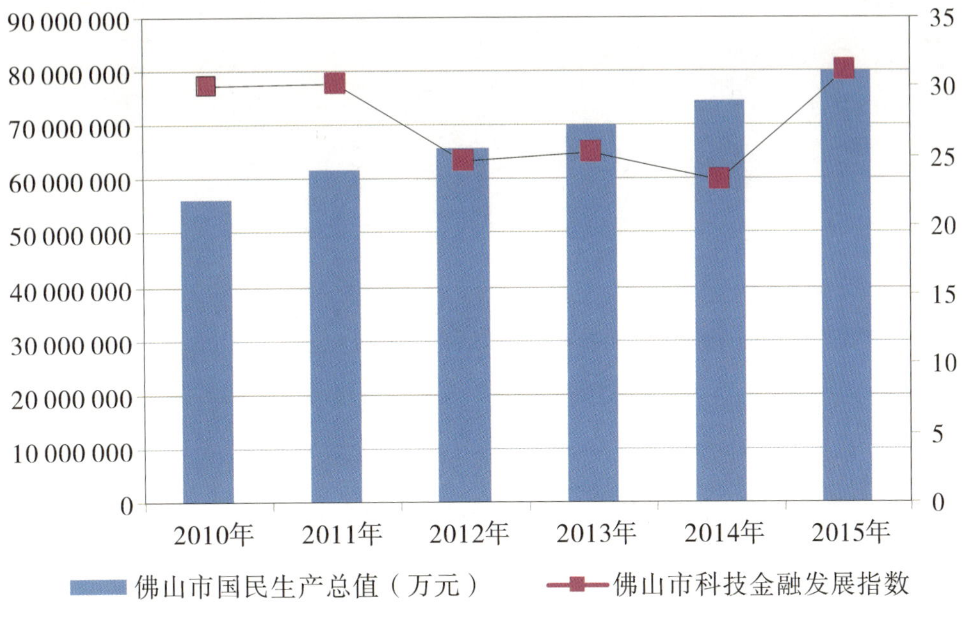

图 9 - 7 佛山市 GDP 与科技金融发展指数波动状况

（4）东莞市科技金融发展指数分析。

2015 年东莞市科技金融发展指数为 20.15。在选取样本范围内，东莞市的科技金融发展指数位列广东省第四位（见图 9－8）。

2010—2015 年，东莞市的科技金融二级指标大部分呈现较大的波动。尤其是专利产出指数大致呈现出逐年递减的趋势，专利发明领域缺“核”少“芯”，缺设计、少创新是一个不争的事实，因而该指数从 2010 年的 49.87 下降至 2015 年的 8.84。与此同时，高新产业产出指数呈现急剧下降的趋势，从 2010 年的 99.97 急剧下降至 2015 年的 6.32。

2015 年东莞市财政支持指数大幅度上升，为 2010—2015 年的最高水平，达到了 56.35，反映出东莞市政府对金融产业给予大力的政策支持，为东莞市科技金融行业的发展提供了较好的机会。2010—2015 年，东莞市经济逐年稳步增长，GDP 分别为 42 782 106 万元、47 719 336 万元、50 392 120 万元、55 174 708 万元、58 813 173 万元、62 750 737 万元。东莞市国民生产总值及科技金融发展状况见图 9－8。

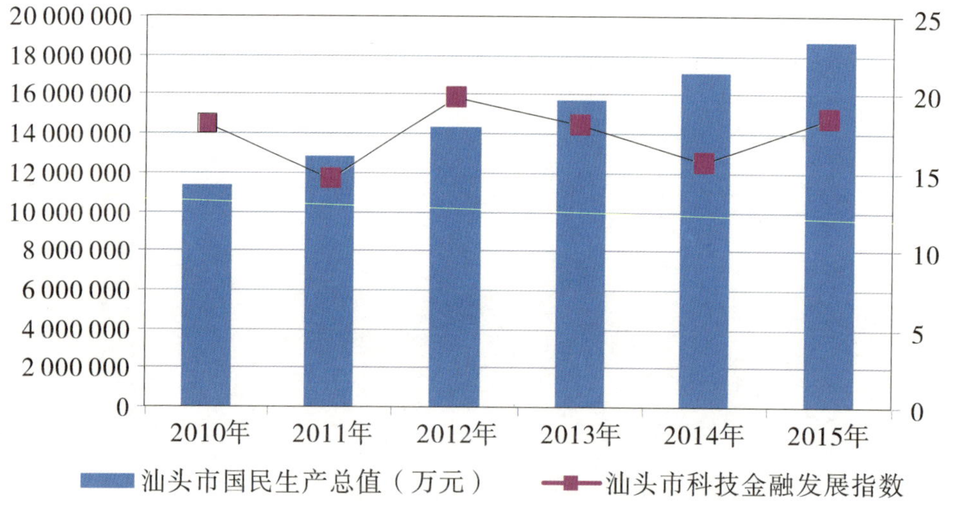

图 9－8　东莞市 GDP 与科技金融发展指数波动状况图

（5）珠海市科技金融发展指数分析。

2010—2015 年，珠海市科技人力资源指数均低于 0.04，科技研发资源指数均低于 0.02，处于较低水平，说明珠海市科技人才和研究机构数量均有较大提升空间。其他的科技金融二级指标大部分呈现较大的波动。2015 年科技金融经费指数和财政支持指数均处于该指数的历史较高水平，特别是财政支持指数，2015 年高达 79.32%，说明珠海市政府对高新技术行业的财政拨款较多，资金扶持力度很大。各二级指标的波动情况一定程度上反映了珠海市科技金融的整体发展情况，科技人力资源指数和科技研发资源指数处于较低水平说明当地科技人才和科研机构的数量较少，因此一定程度上阻碍了科技金融的发展。而2015年科技金融经费指数和财政支持指数的大幅度提高说明当地政府对科技金融的重视程度明显加强，政策扶持的力度加大，有利于科技金融的快速发展。

2015年珠海市科技金融发展指数为19.38。在样本选取的范围内位列第五，处于中等水平。2010—2015年，珠海市GDP分别为12 107 921万元、14 103 357万元、15 092 438万元、16 789 995万元、18 672 129万元、20 254 111万元。珠海市国民生产总值以及科技金融的发展状况见图9-9。

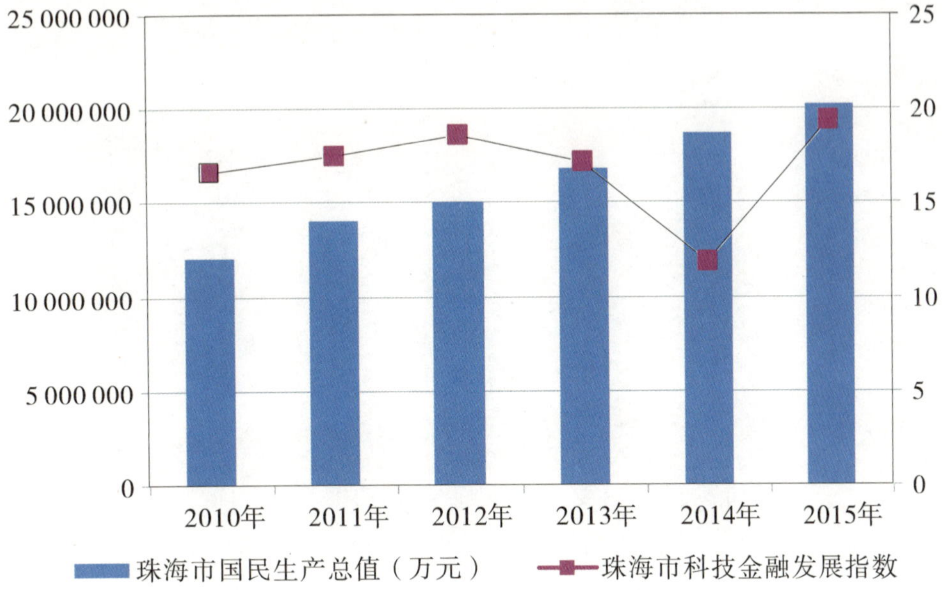

图9-9　珠海市GDP与科技金融发展指数波动状况

（6）汕头市科技金融发展指数分析。

2010—2015年汕头市科技人力资源指数均保持在6.80左右，科技研发资源指数也较为稳定，即汕头市的科研人员和科研机构的数量均处于稳定的水平。分析期内，汕头市专利产出指数分别为90.09、62.15、93.10、88.42、76.47、87.96，专利产出水平虽有波动，但是总体仍处于较高水平，一定程度上反映了汕头市的科技研发能力较强。但科技金融经费指数在分析期均低于0.5，处于较低水平，汕头市政府有必要加强对科技研发经费的支持力度，以此带动科技金融的发展。

整体来看，除了专利产出指数较高，汕头市的科技金融二级指标大部分比较稳定。指标的波动情况一定程度上反映了汕头市经济的整体运行状况，而各指标在2015年均比2014年有显著提升。2014年汕头市出台《汕头市促进科技创新发展若干措施》《汕头市人民政府关于加强市级财政科研项目和资金管理的实施意见》等政策文件，着力激发创新创业活力，已经产生了显著的政策效益。说明当地政府近两年来对科技金融产业的重视程度在加强。

2015年汕头市科技金融发展指数为18.42。在样本选取的范围内，汕头市的科技金融发展指数位列广东省第六位，处于中等水平。只要提高科技金融的普惠力度，加强对科技金融的支持力度，汕头市科技金融产业有更大的发展空间。2010—2015年，汕头市国民生产总值分别为11 322 311万元、12 790 816万元、14 307 175万元、15 737 342万元、17 165 113万元、18 680 251万元。汕头市国民生产总值以及科技金融的发展状况见图9－10。

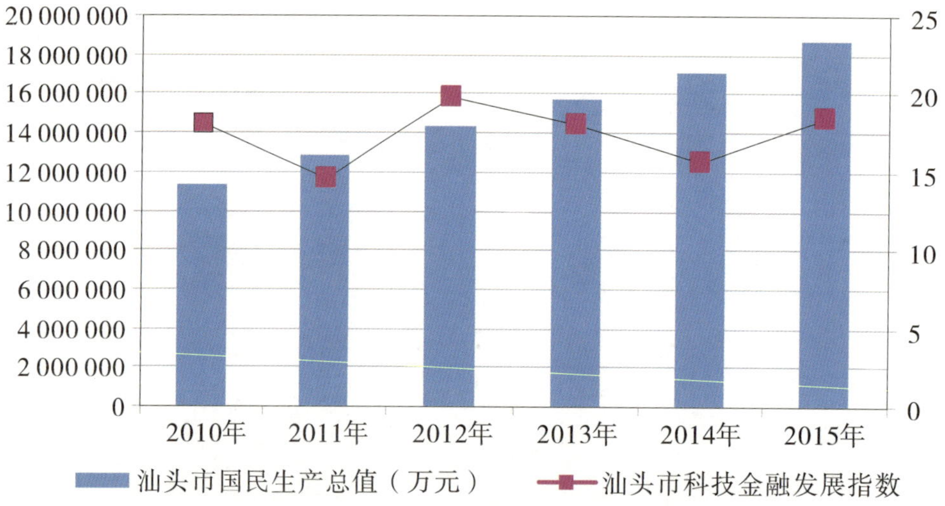

图9－10 汕头市GDP与科技金融发展指数波动状况

（7）惠州市科技金融发展指数分析。

2010—2015年，惠州市的科技金融二级指标大部分呈现小幅波动。指标的波动情况一定程度上反映了惠州市经济的运行趋势。

整体来看，惠州市科技金融经费指数和财政支持指数均维持良好的状态，说明惠州市科技研发的经费支出水平较高且当地政府财政扶持力度较强，反映了惠州市政府对高新技术行业发展的重视程度正逐步加强。而专利产出指数从2010年的17.98增加至2015年的90.8，也进一步反映惠州市高新科技企业在政府支持下取得了较好的科技成果。

从总体趋势来看，惠州市科技金融发展指数总体向上，但2013—2014年，以及

2014—2015 年，伴随一定程度的波动，说明惠州市经济仍处在结构调整的过渡期，存在影响科技金融发展的不确定性因素。2015 年惠州市科技金融发展指数为 16. 23，在样本选取的范围内，惠州市的科技金融发展指数位列广东省第七位。促改革、调结构、惠民生将在一定程度上促进惠州市经济发展，从而达到驱动科技金融成长的目的。2010—2015 年，惠州市国民生产总值分别为 17 299 700 万元、20 949 400 万元、23 794 900 万元、27 051 300 万元、30 003 700 万元、31 400 300 万元。惠州市国民生产总值以及科技金融的发展状况见图 9 – 11。

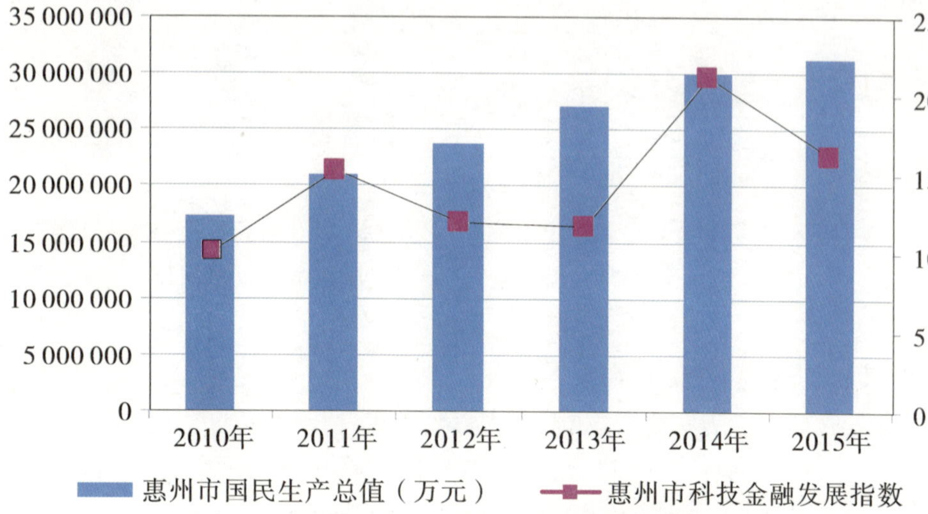

图 9 – 11　惠州市 GDP 与科技金融发展指数波动状况

（8）云浮市科技金融发展指数分析。

2010—2015 年，云浮市的科技金融二级指标呈现小幅波动。2015 年专利产出指数和财政支持指数分别为 18. 54 和 22. 99，达到了分析期内的最高值。专利产出指数的持续上升说明云浮市科技成果的数量持续增加，云浮市 2015 年专利申请授权量达到 916 个，较 2010 年增加了 281. 6%。财政支持指数呈现稳定上升的趋势，2015 年财政科技拨款共 36 396 万元，是 2010 年财政科技拨款的 3. 18 倍，且 2015 年云浮市财政支持指数较 2014 年增加了约 64. 3%，说明当地政府给予高新技术行业必要的财政扶持。

2015 年云浮市科技金融发展指数为 12. 69，有一定幅度的上升。这主要是由于地方政府在科技金融发展方面的支持力度在不断上升，但在样本选取的范围内，云浮市的科技金融发展指数位列广东省第八位，说明云浮市的科技金融发展程度仍有待提高。2010—2015 年，云浮市国民生产总值分别为 4 010 889 万元、4 807 038 万元、5 322 443 万元、6 082 990 万元、6 640 048 万元、7 131 416 万元。云浮市国民生产总值以及科技金融的发展状况见图 9－12。

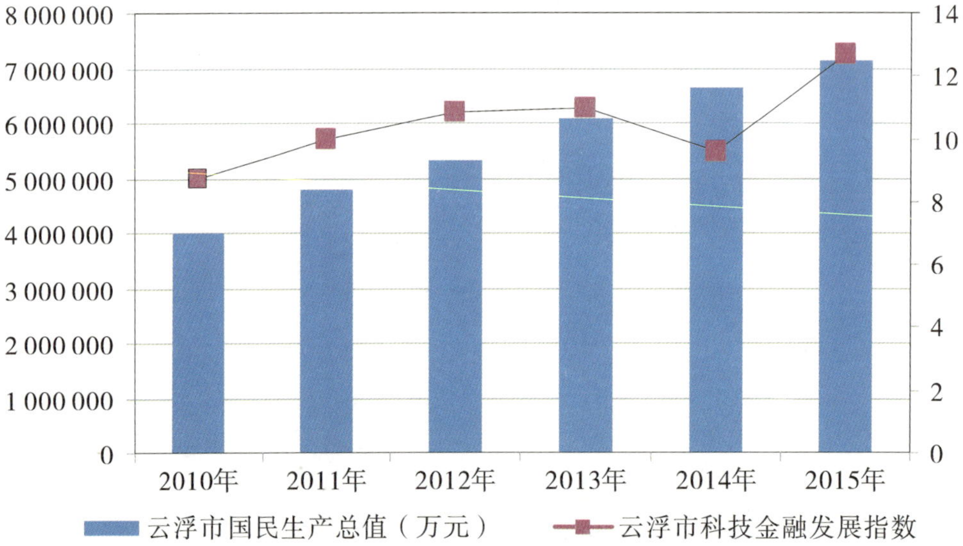

图 9－12　云浮市 GDP 与科技金融发展指数波动状况图

（9）茂名市科技金融发展指数分析。

近年来，茂名市大力实施科技创新驱动发展战略，以提高自主创新能力和产业核心竞争力为主线，突出抓好重点区域、重点产业、重点企业、重点产品的自主创新，有力地促进了科技与经济的紧密结合，提升了全市科技成果产出率和技术水平，推动了全市经济社会的转型升级。2010—2015 年，茂名市国民生产总值分别为 14 720 961 万元、17 212 515 万元、19 164 079 万元、21 709 694 万元、23 490 313 万元、24 456 313 万元。2012 年，茂名市 GDP 增长 11.3%，增速排全省第十位；2013 年增长 13.3%，增速排全省第五位；2014 年增长 8.2%，增速排全省第四位；2015 年实现国民生产总值 24 456 313 万元，居粤东、西、北首位。茂名市国民生产总值以及科技金融的发展状况见图 9－13。

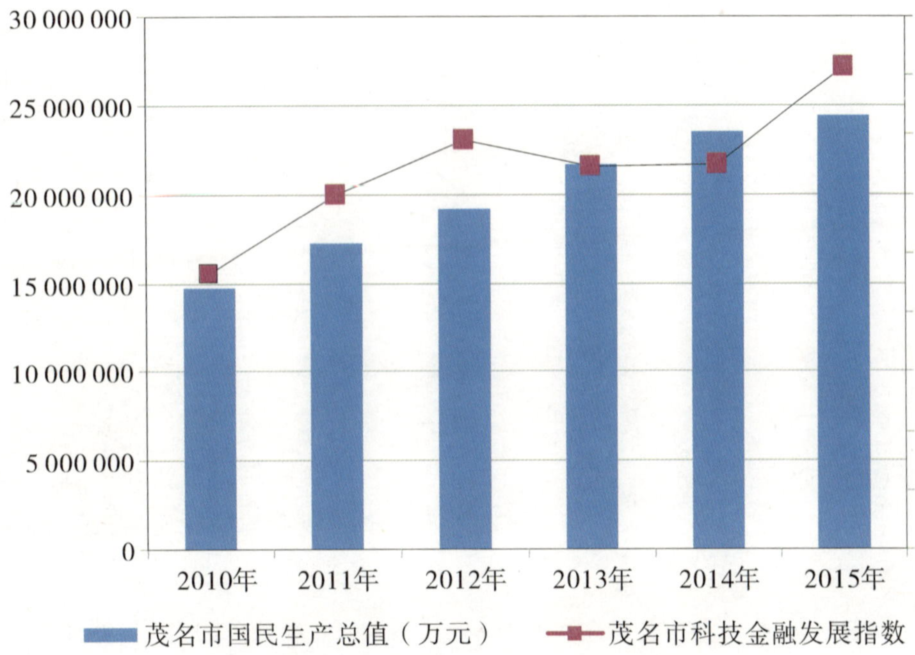

图 9－13　茂名市 GDP 与科技金融发展指数波动状况

后　记

作为一家非营利性的社会组织，华南科技资本研究院在广东省科技厅和广东省科技金融促进会的大力支持下，致力于科技与资本对接的理论研究和道路探索，打造华南地区的科技金融权威智库。在此背景下，“年度科技金融发展报告”应运而生，本次报告为第二年发布，得到了广东省科技计划项目“2017 广东科技金融论坛组织与实施”的资助。

本书是在《2016 广东省科技金融发展报告》的基础上持续跟踪广东省科技金融最新动态，监测省内外科技金融发展指数而推出的。凝聚各方智慧，汇集多方力量，广泛调研，深度挖掘，历经一年，三易其稿，终成正果。

本书的顺利出版首先要感谢崔颖博士，崔博士的精心策划和组织是本书产生的前提；其次，感谢中北大学经济与管理学院课题团队的鼎力支持，老师和同学们专业、专注的精神奠定了全书扎实的基础；再次，感谢广东省生产力促进中心、广州市科技创新委员会和佛山市南海区经济和科技促进局的大力协助，正是贵单位提出的中肯建议使得本书精益求精，愈加完善；另外，特别感谢暨南大学出版社为本书的出版而默默付出的所有编辑，是你们的辛勤努力才使得本书这么快与读者见面；最后，感谢以下单位在我们研究过程中给予的帮助：

广东省科学技术厅、中国建设银行广东省分行、中国建设银行科技金融创新中心、中国银行广东省分行、广东金融学院、佛山市南海区金融业发展办公室、广东省科技金融促进会、广东省科技企业孵化器协会、科技管理研究杂志社、广州市科技金融综合服务中心、科技与金融杂志社、天安节能科技园、清控银杏创业投资管理（北京）有限公司、广东金融高新区股权交易中心、番禺区科技金融促进会。

本书主要执笔人名单如下：

第一章由赵公民负责；第二章由周娟美负责；第三章由赵公民、熊坤负责；第四章由赵公民、李宁、袁世亮负责；第五章由周娟美、侯亚娟、刘金金负责；第六章由赵公民负责；第七章由周娟美负责；第八章由周娟美、舒方媛负责；第九章由朱美峰负责；数据收集整理和格式修订由刘传明、万强强、闫蕊、刘卓平负责。

本书由中北大学赵公民教授统稿，华南科技资本研究院院长王遥定稿。本书所表达的观点，是研究人员基于国内外经济、政治、行业因素所做出的研究判断，难免存在不足之处。感谢读者的耐心阅读，不妥之处，敬请指正。

《2017 广东省科技金融发展报告》编委会

2017 年 12 月

调研掠影

在番禺科技金融服务中心调研

在中国建设银行科技金融创新中心调研

在广东金融高新区股权交易中心调研

不忘初心
继续前行

在科创咖啡调研

在佛山民间金融街调研

在佛山市南海区金融业发展办公室调研